Brigitta Krämer / Carla Renner-Schäfftlein
Mit Kindern Weihnachten entgegengehen

Brigitta Krämer/Carla Renner-Schäfftlein

Mit Kindern Weihnachten entgegengehen

Werkbuch von Sankt Martin bis Weihnachten

HERDER

FREIBURG · BASEL · WIEN

www.herder.de

Umschlaggestaltung: Finken & Bumiller
Titelbild: Bärbel Witzig

Herstellung: fgb · freiburger graphische betriebe
www.fgb.de

Gedruckt auf umweltfreundlichem,
chlorfrei gebleichtem Papier
ISBN 3-451-28475-8

INHALT

VORWORT

Liebe Leserin, lieber Leser!
Weihnachten ist ein Fest der Superlative und Widersprüche. Kein anderes Fest im Jahresverlauf wird so ausgiebig vorbereitet und gefeiert, kein anderes Fest wird so sehr vermarktet und instrumentalisiert. Von Ende September bis Anfang Januar werden wir von allen Seiten mit Weihnachten konfrontiert. Weihnachtszubehör in Hülle und Fülle und unüberschaubar viele Ausprägungen und Gebräuche zur Festgestaltung vermitteln den trügerischen Eindruck, dass Weihnachtsstimmung und Weihnachtsfreude käuflich sind. Der Advent – ursprünglich als stille, besinnliche Zeit des Wartens und der Vorbereitung auf Weihnachten gedacht – ist geprägt von Stress und vorweihnachtlicher Hektik. Ein Grund dafür ist der unausgesprochene Anspruch, das Fest möglichst perfekt auszurichten, denn Weihnachten steht hoch im Kurs. Weihnachten zu feiern liegt voll im Trend. Dabei gewinnt die Frage »*Wie* feiern wir Weihnachten?« immer mehr an Bedeutung gegenüber der Frage »*Warum* feiern wir Weihachten?«. Diese Entwicklung hat zur Folge, dass die Besinnung auf Weihnachten als Geburtsfest Jesu zunehmend schwer fällt und der eigentliche Sinn von Weihnachten mehr und mehr überlagert und verdrängt wird.

In diesem Spannungsfeld zwischen ästhetischer äußerer Gestaltung und inhaltlichem Anspruch stehen Jahr für Jahr die Mitarbeiterinnen und Mitarbeiter in kirchlichen und sozialen Institutionen und Pfarrgemeinden vor der Aufgabe, die Advents- und Weihnachtszeit sinn-erfüllt erlebbar zu machen.

Dieses Buch enthält Ideen und Anregungen für die Gestaltung der Zeitspanne von Sankt Martin bis Heiligabend in Familie und Gemeinde. Damit stimmt es auf die Zeit des Wartens ein, regt zum Nachdenken an, gibt Denkanstöße und bietet praktische Anregungen, um dem Sinn von Weihnachten, der Menschwerdung Gottes in dem Kind von Betlehem, auf die Spur zu kommen und die Bedeutung der weihnachtlichen Botschaft für das eigene Leben (neu) zu entdecken.

Es ist kein theoretisches Machwerk, das am grünen Tisch entstanden ist, sondern ein Buch aus der Praxis für die Praxis: Alle Elemente sind in der beschriebenen Weise von uns durchgeführt worden und haben sich in der Gemeindearbeit, in Gottesdiensten oder bei Gruppenstunden bewährt.

Jedes Kapitel beginnt mit einer kurzen Einführung in das jeweilige Thema. Einigen Beiträgen, wie beispielsweise den Familiengottesdiensten, haben wir grundlegende Gedanken vorangestellt, um die zentrale Aussage zu verdeutlichen und einen schnellen Überblick über Inhalt und methodische Umsetzung zu ermöglichen. Jede Einheit ist mit detaillierten Angaben zu benötigtem Material und Personal versehen. Außerdem finden Sie unter der Rubrik »Fundgrube« im Anschluss an das jeweilige Kapitel Bastel- und Gestaltungsvorlagen für erforderliche Requisiten (sofern diese selbst herzustellen sind) und Vorschläge für Handzettel, Plakate und Pressemitteilungen für Ihre Öffentlichkeitsarbeit.

Wir würden uns freuen, wenn das Buch keine Einbahnstraße bliebe. Ihre Kritik, Ihre Anregungen und Erfahrungen in Bezug auf die vorliegenden Entwürfe interessieren uns sehr. Wir sind per E-Mail oder Post unter folgender Adresse erreichbar:

Brigitta Krämer, Jakobstr. 5, D-57271 Hilchenbach
E-Mail: kraemer-hilchenbach@t-online.de

Carla Renner-Schäfftlein, Stift-Keppel-Weg 12
D-57271 Hilchenbach
E-Mail: carla03rs@aol.com

Widmen möchten wir dieses Buch vier besonderen Menschen, die uns sehr am Herzen liegen:

- *Unseren Kindern Benedikt, Ansgar und Vitus*: Ihre Fragen und ihr Wissensdurst in Sachen »Glauben« haben uns veranlasst, nach einer kindgerechten Form zu suchen, um Glaubensinhalte so zu vermitteln, dass sie an der Erfahrungswelt der Kinder anknüpfen.
- *Christa Menne*, der Dritten im Bunde unseres Familiengottesdienstteams in der Pfarrgemeinde: Mit unerschöpflichem Ideenreichtum, Zuverlässigkeit und Engagement sorgt sie dafür, dass der werkpraktische, ästhetische Rahmen um unsere Gottesdienste steht und stimmt. Viele Gestaltungsideen und Bastelanleitungen, die in diesem Buch veröffentlicht sind, stammen von ihr.

Ein herzlicher Dank gilt Michael Schäfftlein für das »Management« in der Anfangsphase, für unermüdliches Korrekturlesen und manche hilfreiche Anregung, wenn wir vor lauter Bäumen den Wald nicht mehr gesehen haben.

Ein Dankeschön sagen wir auch Pastor Martin Assauer sowie Regina und Matthias Tanger für den letzten, entscheidenden Anstoß, die Idee, ein Buch zu schreiben, auch in die Tat umzusetzen.

Hilchenbach, im Januar 2004

BRIGITTA KRÄMER
CARLA RENNER-SCHÄFFTLEIN

Macht's wie Gott,
werdet Mensch!

SANKT MARTIN

Warum beginnt ein Praxisbuch mit dem Schwerpunkt Advent und Weihnachten mitten im November und mit einem Heiligengedenktag? Es beginnt damit, weil der heilige Martin, um den es in diesem Kapitel geht, Nächstenliebe, Güte und Menschenfreundlichkeit selbstverständlich und selbstlos gelebt hat. Sankt Martin hat erkennen lassen, dass Sinn und Wert menschlichen Lebens auch für die Menschen gewahrt wird, die am Rande der Gesellschaft stehen und denen von ihrer Umwelt kaum Beachtung geschenkt wird. Überall dort, wo sich Leben und Miteinander in dieser Weise entwickeln, rückt die weihnachtliche Botschaft von der Menschwerdung greifbar nahe. Überall dort, wo Menschen wie der heilige Martin Licht und Wärme in die Welt bringen, weisen sie auf das Kind in der Krippe, das gekommen ist, damit wir Menschen menschlich werden.

Wir bringen Licht und Wärme in die Welt

Wortgottesdienst mit Martinsspiel
zum Fest des heiligen Martin (11. November)

Grundlegende Gedanken und Ablauf des Wortgottesdienstes:
Das Hauptelement dieses Wortgottesdienstes ist ein Anspiel zur bekannten Legende von Sankt Martin, dem Bettler und der Mantelteilung.

Vor diesem Anspiel werden die Gottesdienstbesucher – und vor allem die Kinder – durch eine thematische Einführung für die Notlage des Bettlers sensibilisiert. Ausgehend von eigenen Erfahrungen mit Kälte und Frost wird ein emotionaler Zugang zum Martinsspiel entwickelt.

Das Anspiel soll die Kinder mit der klassischen Martinserzählung vertraut machen. Darüber hinaus wird verdeutlicht, dass es sich bei dem Martinsspiel nicht nur um eine »schöne Geschichte« handelt, sondern dass wir den Gedenktag des heiligen Martin jedes Jahr feiern, weil er ein Vorbild für die Menschen ist: Sankt Martin hat sich vom Anspruch der Menschlichkeit rühren lassen und hat mutig, engagiert und unkonventionell geholfen. Die Katechese erklärt den Kindern, dass Martin in seiner personalen Zuwendung zum Not leidenden Mitmenschen dem Anspruch Jesu gerecht wird und dass dieser Anspruch an jeden einzelnen Christen ergeht: die Not des Mitmenschen mit offenem Herzen wahrzunehmen und in menschlichem Füreinander und in Achtung Trost, Hoffnung und Hilfe zu schenken.

Darauf aufbauend wird die Lichtsymbolik des Martinsfestes erklärt: Wie Martin Licht und Wärme in das Leben und in das Herz des Bettlers gebracht hat, so wollen auch wir Licht für die Menschen sein. Als Zeichen dafür ziehen wir mit unseren Laternen durch die dunklen Straßen.

Methodische Umsetzung/Besondere Aktionen:
Im Anschluss an den Wortgottesdienst findet der Laternenumzug durch die Straßen der Pfarrgemeinde statt – wenn möglich, angeführt von Sankt Martin auf einem Pferd.

Nach dem Laternenumzug werden alle Besucher zum fröhlichen, Gemeinschaft stiftenden Ausklang auf dem Kirchplatz bei Glühwein, Kinderpunsch, Martinswecken und wärmenden »Schwedenfeuern« eingeladen. In unserer Gemeinde werden traditionell zum Martinsfest drei Martinsgans-Candlelight-Dinner für jeweils zwei Personen in der heimischen Gastronomie verlost. Der Losverkauf beginnt ca. zwei Wochen vor dem Martinsfest. Auf dem Kirchplatz findet am Abend des Martinstages die öffentliche Auslosung der Gewinner statt. Der Erlös der Veranstaltung wird einer Initiative für Obdachlose oder Straßenkinder zur Verfügung gestellt.

Kinderpunsch »Sankt Martin«

Zutaten:
3 Teebeutel roter Früchtetee (oder 10 TL loser, aromatisierter roter Früchtetee)
1 Beutel Glühfix-Glühweingewürz – 1 l roter Traubensaft –
1 l Apfelsaft – 1 Zimtstange – 3 Gewürznelken –
1 TL Zitronenschalengewürz – 1 TL Orangenschalengewürz –
1 EL Zucker

Zubereitung:
Die Teebeutel und das Glühweingewürz mit 1 l kochend heißem Wasser übergießen und 10–15 Minuten zugedeckt ziehen lassen. Teebeutel und Glühweingewürz entfernen. Den Früchtetee in einen ausreichend großen Topf gießen. Die übrigen Zutaten hinzufügen und unter Umrühren langsam erhitzen. Vor dem Genuss Nelken und Zimtstange entfernen!

Praktische Hinweise zur Gestaltung des Martinsspiels:

- Das Martinsspiel wird von einem (erwachsenen) Erzähler/einer Erzählerin vorgelesen, während die Kinder passend dazu spielen.
- Als Darsteller werden sieben bis neun Kinder (ab Kommunionalter) benötigt. Einige Kinder können mehrere aufeinander folgende Rollen übernehmen.
- Für das Einüben sind in der Regel zwei bis drei Proben von ca. 45 Minuten ausreichend. Dabei wird das Spiel jeweils zwei Mal in voller Länge durchgespielt.
- Das Martinsspiel ist für die Aufführung in der Kirche entwickelt worden und bezieht den gesamten Kirchenraum ein. Die Handlung geht während der Aufführung von verschiedenen Stellen in der Kirche aus. Entsprechende Vorschläge sind in den Regieanweisungen enthalten, müssen jedoch an die räumlichen Voraussetzungen vor Ort angepasst werden. Bei der Aufführung selbst ist es wichtig, darauf zu achten, dass die Gänge für die mitspielenden Kinder frei bleiben und nicht von Zuschauern »zugestellt« werden.
- Während des Martinsspiels werden die einzelnen Strophen des bekannten Liedes »Sankt Martin« gesungen (Text und Melodie: s. u., S. 182f.).

Personelle Ausstattung:

- Ein/e Sprecher/in bzw. Wortgottesdienstleiter/in
- Ein/e Erzähler/in
- Centurio Martinus
- Vier bis sechs römische Soldaten
- Ein Bettler
- Jesus, der Martinus im Traum erscheint
- Zwei Helfer hinter den Kulissen zum Umkleiden der Kinder

Requisiten:

FÜR CENTURIO MARTINUS UND DIE SOLDATEN:

- ➢ Ein Steckenpferd
- ➢ Evtl. eine römische Rüstung (Brustschild) aus Plastik für Martinus
- ➢ Fünf bis sieben Helme (siehe Bastelanleitung S. 29)
- ➢ Fünf bis sieben Umhänge, davon ein roter für Martinus. (Damit der Umhang von Sankt Martin leicht teilbar ist, wird der Stoff dafür zweimal ausgeschnitten und doppelt gelegt. Anschließend werden die beiden Stoffteile mit Klettband oder Druckknöpfen verbunden. So werden aus dem Umhang bei der Mantelteilung problemlos zwei Teile.)
- ➢ Holzschwerter, Gürtel

FÜR DEN BETTLER:

- ➢ Lumpige Kleidung aus Sackleinen

FÜR JESUS:

- ➢ Ein weißes Gewand, über das er den Umhang des Bettlers zieht

FÜR MARTINUS ALS BISCHOF:

- ➢ Eine Mitra (siehe Bastelanleitung S. 28f.)
- ➢ Ein Bischofsgewand (evtl. ein altes Messgewand)

FÜR ZWEI BIS VIER WEITERE GEISTLICHE:

- ➢ Zwei bis vier Messdienergewänder

SONSTIGES:

- ➢ Ein Schaffell als Bett im Quartier, eine Decke
- ➢ Eine Laterne
- ➢ Ein Rosenbogen (Rankhilfe aus dem Gartenmarkt aus Metall oder Plastik), der mit Packpapier oder beigefarbenem Stoff überzogen wird und als Stadttor dient
- ➢ Holzscheite und evtl. ein elektrisch beleuchtbarer Salzstein (ansonsten orangefarbenes Seidenpapier) für das Lagerfeuer der Soldaten
- ➢ Zwei Flambeaus für die Geistlichen

Kulisse:

WICHTIGE VORBEMERKUNG:

Grundsätzlich kann diese Version des Martinsspiels auch ohne Kulisse gespielt werden. Die Dekoration setzt zwar den atmosphärischen und ästhetischen Rahmen für die Geschichte des Heiligen Martin, ist aber aus spieltechnischen oder inhaltlichen Gründen nicht zwingend erforderlich. Insofern sind die folgenden Ausführungen zum Kulissenbau nur als Anregung für Gruppen zu verstehen, die die Zeit, die Begeisterung und das Material zur Herstellung des Bühnenbildes aufwenden möchten.

Die Kulisse besteht aus einer Holzlattenkonstruktion, an der das auf Tüchern gemalte Bühnenbild befestigt wird.

MATERIAL:

- Vier Plastik-Sonnenschirmständer
- Vier Rundhölzer (2 cm Durchmesser, 2 m lang)
- Vier Dachlatten à 2 m Länge mit Lochbohrung zum Einstecken der Rundhölzer
- Vier Holzstifte
- Vier weiße Bettlaken
- Vier beige oder braune große Tücher oder Bettlaken zum Abdecken der Sonnenschirmständer

BAUANLEITUNG:

- Je zwei weiße Bettlaken werden zusammengenäht, so dass daraus zwei große Leinwandflächen entstehen.
- Die Leinwandflächen werden mit einer mittelalterlichen (Fachwerk-)Stadtkulisse bemalt (siehe Malvorlagen S. 30f.). Zum Bemalen eignet sich mit Wasser verdünnte Voll- und Abtönfarbe aus dem Baumarkt.
- Die Kulisse wird entsprechend der Bauanleitung aus dem »Krippenspiel am Heiligen Abend« (s. u., S.155) im Altarraum aufgebaut. Die Mitte der Kulisse bildet das Zimmer des Quartiers mit entsprechenden Requisiten. Jeweils rechts und links davon steht ein Leinwandteil.

Ablauf:

EINZUG: Orgelspiel

EINGANGSLIED:

Laterne, Laterne, Sonne, Mond und Sterne

(Text und Melodie: s. u., S. 181)

LITURGISCHE BEGRÜSSUNG

EINFÜHRUNG:

SPRECHER/IN:

Sicher habt ihr auch schon gemerkt, dass der Sommer endgültig vorbei ist und dass es Winter wird. Es wird viel früher dunkel als noch vor ein paar Wochen und es ist schon richtig kalt geworden. Wenn ihr jetzt nach draußen geht, dann zieht ihr euch dick an. Damit ihr nicht friert, braucht ihr eine Jacke, eine Mütze oder ein Stirnband und warme Schuhe. Ich sehe hier vorne auch schon einige Kinder sitzen, die einen Schneeanzug angezogen haben. Aber trotzdem friert ihr manchmal noch, wenn der kalte Herbstwind richtig stürmisch um euch herum saust und braust. Von der kalten Luft bekommt ihr ganz schnell rote Nasen, frostige Wangen und kalte Hände. Dann freut ihr euch darauf, nach Hause zu kommen. Dort ist es schön warm und am Ofen oder an der Heizung könnt ihr euch wieder aufwärmen, wenn euch kalt geworden ist und ihr durchgefroren seid.

Jetzt stellt euch mal vor, ihr könntet dann nicht nach Hause gehen, weil ihr gar kein Zuhause hättet. Stellt euch vor, ihr müsstet nicht nur den Tag, sondern auch die ganze Nacht draußen verbringen, weil ihr so arm wäret, dass ihr keine Wohnung bezahlen könntet. Und stellt euch dann noch vor, ihr hättet keine warmen Sachen an, weil ihr auch dafür kein Geld hättet.

Ganz ehrlich: Mir wird ganz kalt, wenn ich nur daran denke!

Von einem Menschen, der draußen auf der Straße leben muss, ohne Zuhause und ohne warme Sachen, und von seinem Helfer, dem heiligen Martin, wollen wir euch jetzt erzählen.

SPRECHER/IN:

Die Geschichte vom heiligen Martin ist fast 1700 Jahre alt und hat sich im heutigen Frankreich ereignet. Früher, im 4. Jahrhundert, gab es Frankreich, so wie wir es heute kennen, natürlich noch nicht. Zu dieser Zeit hieß dieses Land Gallien und gehörte zum großen Römischen Weltreich.

Die Menschen können im Römischen Reich nicht in Frieden leben. Es gibt Kriege und Aufstände, Unruhen und Überfälle. Die Straßen sind unsicher und oft werden Händler und Reisende von Räuberbanden überfallen und ausgeraubt. Damit die Bürger besser geschützt werden können, gibt es in Gallien viele römische Soldatentruppen.

Die Soldaten patrouillieren auf den Straßen.

(Jeweils zwei Soldaten bilden eine Patrouille und marschieren gleichzeitig in verschiedene Richtungen die Gänge in der Kirche auf und ab.)

Sie marschieren auf den Wegen von Norden nach Süden und von Westen nach Osten. Sie halten Wache an Wegkreuzungen und kontrollieren, wer auf den Straßen auf Reisen ist. Oft sind die Soldaten auf ihren Patrouillengängen mehrere Tage am Stück unterwegs, um die Straßen für die Reisenden und Händler sicher zu machen. Es ist eine gefährliche, anstrengende und harte Aufgabe für die Soldaten.

(Die Soldatenpatrouillen gehen zum Seitenschiff, wo Martinus bereits mit seinem Steckenpferd wartet, und stellen sich dort hinter Martinus in Reih und Glied auf.)

Einer dieser Soldatentrupps kommt gerade von einer Patrouille zurück. Er wird angeführt von dem Centurio Martinus. Ein Centurio ist ein römischer Hauptmann.

(Der Trupp marschiert, angeführt von Martinus, langsam durch die Gänge in der Kirche.)

Die Soldaten sind nun schon seit drei Tagen marschiert. Jetzt sind sie auf dem Weg zu ihrem Hauptquartier in der Stadt Amiens.

Sie sind müde und frieren, denn es ist bitterkalt geworden. Ein eisiger Wind weht über das Land und kündigt an, dass die ersten Schneeschauer nicht mehr lange auf sich warten lassen werden. Einige Schneeflocken tanzen schon in der Luft.

LIED: Sankt Martin, 1. Strophe (Text und Melodie: s. u., S. 182)

(Während des Liedes marschiert der Soldatentrupp langsam weiter durch die Gänge und bleibt gegen Ende der ersten Strophe so stehen, dass er durch den Mittelgang zur Kulisse marschieren kann.)

SPRECHER/IN:

An diesem ungemütlichen, kalten Winterabend, an dem man es sich am liebsten zu Hause vor dem warmen Ofen bequem macht, ist außer den Soldaten nur noch ein armer Bettler auf der Straße.

(Der Bettler betritt langsam die Szene. Er schaut an sich herunter auf seine Kleidung.)

Er trägt keine richtigen Kleider. Er hat nur ein paar alte, schmutzige und kaputte Lumpen an und er friert fürchterlich.

(Der Bettler verdeutlicht durch Gestik und Mimik, wie sehr er friert.)

Der Bettler geht von Haus zu Haus und will an die Türen klopfen, aber er traut sich nicht.

(Der Bettler geht zu den Häusern, die auf dem Bühnenbild dargestellt sind, und hebt zaghaft die Hand, um an die Türen zu klopfen, senkt sie dann aber mutlos und geht unverrichteter Dinge wieder weiter.)

Er würde gern fragen, ob er sich irgendwo an einem warmen Ofen ein bisschen aufwärmen kann. Aber er weiß genau: alle Türen bleiben verschlossen oder die Leute jagen ihn sowieso nur weg. Wer will schon etwas mit einem lumpigen Bettler zu tun haben?

Der Bettler ist verzweifelt. Was soll er nur tun? Wenn ihm keiner hilft, muss er in der Kälte erfrieren. Erschöpft und traurig geht er zum Stadttor. Das ist der einzige Ort, wo ein Bettler geduldet wird. Dort kauert er sich frierend an die Mauer.

(Der Bettler sinkt frierend bei dem Stadttor zusammen.)

LIED: Sankt Martin, 2. Strophe (s. u., S. 182)

(Wenn die Textstelle »O helft mir doch in meiner Not ...« gesungen wird, hebt der Bettler flehentlich die Hände und sinkt dann wieder zusammen.)

SPRECHER/IN:

Martinus und seine Soldaten haben den Weg nach Amiens zu ihrem Hauptquartier schon fast zurückgelegt.

(Martinus und seine Soldaten marschieren durch den Mittelgang auf die Kulisse zu.)

Ganz nah vor ihnen ist Amiens bereits in Sicht. Die Soldaten freuen sich schon auf ein warmes Feuer und auf etwas zu essen. Schnell wollen sie weitermarschieren, da sieht Martinus am Stadttor den armen Bettler sitzen.

Martinus hebt den Arm und lässt den Trupp anhalten. Die Soldaten sind verwirrt und sehen sich fragend an. Warum um alles in der Welt bleiben sie hier, so kurz vor dem Hauptquartier, stehen? Was hat der Centurio vor?

(Die Soldaten sehen einander an, heben die Schultern und bringen durch Mimik und Gestik zum Ausdruck, dass sie Martinus' Befehl überhaupt nicht verstehen. – Martinus zeigt auf den Bettler.)

Martinus zeigt den Soldaten den frierenden Bettler. Der arme Mann tut ihm Leid. Martinus steigt von seinem Pferd und gibt die Zügel einem seiner Soldaten. Dann geht er zu dem Bettler. Martinus durchsucht seine Taschen nach Geld, damit sich der Bettler dafür im Wirtshaus eine warme Suppe und ein bisschen Brot kaufen kann, aber Martinus findet nicht ein einziges Geldstück. Er überlegt, wie er dem Bettler sonst noch helfen könnte, und da hat er eine Idee: Er teilt kurzerhand seinen warmen Offiziersmantel mit dem Schwert in der Mitte durch.

LIED: Sankt Martin, 3. Strophe (s. u., S. 182)

SPRECHER/IN:

Dann reicht Martinus dem Bettler die eine Hälfte seines Mantels. Der arme Mann ist froh, dass er nun nicht mehr so fürchterlich frieren muss, und wickelt den Mantel fest um sich. Martinus geht mit der anderen Hälfte des Mantels zurück zu seinem Pferd und seinen Soldaten. Es ist schon spät geworden und sie ziehen eilig los, damit sie endlich zu ihren Unterkünften kommen.

(Die Soldaten und der Bettler verlassen die Szene und gehen hinter die Kulisse.)

LIED: Sankt Martin, 4. Strophe (s. u., S. 182)

(Während der 4. Strophe wird vor der Kulisse an der rechten Seite das Lagerfeuer aufgebaut. Ein Kind, das evtl. schon einen Soldaten dargestellt hat, übernimmt die Rolle von Jesus und zieht sich entsprechend um. Jesus legt sich die Mantelhälfte des Bettlers über – evtl. mit Kapuze, damit möglichst wenig von der Person zu sehen ist und das darstellende Kind vordringlich als Gestalt wirkt.)

SPRECHER/IN:

Im Hof des römischen Hauptquartiers zünden die Soldaten ein Lagerfeuer an und wärmen sich daran.

(Zwei bis drei Soldaten gehen zum Lagerfeuer.)

Sie stehen zusammen und sprechen über Martinus. Was ist bloß mit dem Centurio los? Er ist doch ein römischer Hauptmann! Wie kommt er dazu, sich um einen Bettler kümmern? Das allein ist schon unglaublich für einen Soldaten des römischen Kaisers. Aber es kommt noch viel schlimmer: Martinus hat sogar seinen Soldatenmantel zerschnitten. Ob der Centurio noch normal ist? Vielleicht ist er von der langen Patrouille krank geworden.

(Die Soldaten stehen zusammen und unterhalten sich angeregt mit entsprechender Gestik und Mimik: Schulterzucken, Kopfschütteln, fragende Blicke. Dann setzen sie sich und geben den Blick auf die Szene frei.)

Zwei von Martinus' Soldaten beginnen damit, das Nachtlager für ihren Hauptmann herzurichten.

(Martinus und zwei seiner Soldaten betreten von hinten das Zimmer des Quartiers. Ein Soldat rollt ein Schaffell und eine Decke aus und stellt eine Laterne zum Schlafplatz.)

Martinus legt seinen Helm, sein Schwert und seine Rüstung ab und reicht sie seinem Soldaten.

(Der zweite Soldat hilft Martinus, Helm, Schwert und Rüstung abzulegen. Beide Soldaten nehmen die Requisiten, die nicht mehr gebraucht werden, hinter die Kulisse mit. Dort ziehen sich die Soldaten als Geistliche um.)

Martinus ist froh, dass er sich nun bald ausruhen kann. Er ist müde von den tagelangen Patrouillenmärschen und legt sich auf sein Lager. Er gähnt, reckt sich noch einmal und schläft dann bald ein.

In der Nacht träumt Martinus.

(Jesus betritt langsam, mit dem Rücken zum Publikum, die Szene und stellt sich seitlich vor Martinus, so dass sein Gesicht nicht zu sehen ist – evtl. in einer nicht voll ausgeleuchteten Ecke der Szenerie.)

Er sieht im Traum Jesus, der die eine Hälfte des Mantels trägt, die Martinus dem Bettler geschenkt hat. Jesus schaut Martinus an und nickt ihm zu. Martinus hört Jesus sagen: »Was du für den Bettler getan hast, das hast du für mich getan.« Dann verlässt er Martinus wieder.

(Jesus geht hinter die Kulisse zurück.)

Als Martinus am nächsten Morgen aufwacht, denkt er darüber nach, was sein Traum bedeuten könnte. Er weiß auf einmal ganz genau, dass es Christus gefallen hat, dass er dem Bettler geholfen hat. Martinus freut sich darüber und er beschließt, von jetzt an ganz zu Christus zu gehören.

(Martinus kniet sich nieder. Von der Seite kommen zwei Geistliche. Einer von ihnen trägt eine Kette mit einem Kreuz, das er Martinus umhängt. Der zweite Geistliche überreicht Martinus eine Bibel.)

Als er nicht mehr Soldat ist, verkündet Martinus den Menschen Gottes Wort. Er wird bald bekannt, weil er ganz nach Gottes Willen lebt und viele gute Taten tut.

Weil die Menschen nur Gutes von Martinus hören, wollen sie schließlich, dass Martinus zum Bischof von Tours geweiht wird. Und so geschieht es.

(Zwei weitere Geistliche betreten mit den Bischofskleidern auf dem Arm die Szene, um Martinus als Bischof einzukleiden. Die Einkleidungszeremonie beginnt. Die ersten beiden Geistlichen verlassen die Szene und kehren mit angezündeten Flambeaus wieder zurück.)

LIED: Sankt Martin, 5. Strophe (s. u., S. 183)

(Martinus steht mit gefalteten Händen in der Mitte der Szene, zwei Geistliche stehen mit ebenfalls gefalteten Händen neben ihm. Die beiden Geistlichen mit Flambeaus knien sich rechts und links – mit dem Gesicht zum Publikum gewandt – neben Martinus.)

SPRECHER/IN:

Auch als Bischof lebt Martinus so weiter wie zuvor. Er ist gerecht, liebt die Menschen und kümmert sich um sie. Er hilft, wo er kann, zieht durch das Land und erzählt überall die Frohe Botschaft vom guten Gott. Er ist bescheiden und lebt so, wie es Gott gefällt.

Weil Martinus durch sein Leben und seine Taten ein Vorbild für uns ist, feiern wir jedes Jahr ihm zu Ehren dieses Fest.

KATECHESE:

Die Kinder haben uns gerade vorgespielt, wie vor vielen hundert Jahren der heilige Martin seinen Mantel mit einem Bettler geteilt hat.

Die Leute hatten sich vorher gar nicht um den Bettler gekümmert, sie waren einfach achtlos an ihm vorbeigegangen. Es war für sie nicht wichtig, ob er fror oder nicht, ob er traurig war oder sich einsam fühlte, ob sein Leben in Gefahr war oder nicht.

Als Martin den frierenden Mann sah, da hat er sein Pferd angehalten. Er hat ihn angeschaut, er hat mit ihm gesprochen. Der Bettler hat gespürt, dass er für diesen fremden Hauptmann wichtig war, so wichtig, dass dieser seinen Mantel mit ihm teilte. Dem Bettler wurde bestimmt nicht nur durch den dicken Mantel warm. Es wurde bestimmt auch in seinem Herzen warm und hell, weil Martin sein Wohl am Herzen lag.

So hat Martin das getan, was auch Jesus getan hat: Er hat Licht und Wärme in die Herzen der Menschen gebracht. Und Jesus will, dass auch wir, jeder von uns, das tun: Auch wir sollen bereit sein, anderen zu helfen; auch wir sollen durch unsere Worte und Taten die Menschen trösten und froh machen; auch wir sollen Licht für andere Menschen sein.

Und deshalb ziehen wir jedes Jahr zum Fest des heiligen Martin mit unseren Laternen durch die Straßen. Wir wollen damit zeigen: Wir gehören zu Jesus Christus, der Licht in die Herzen der Menschen gebracht hat. Auch wir wollen Licht und Wärme in die Welt tragen wie der heilige Martin. Das sollen unsere Laternen zeigen.

LIED ZUM ANZÜNDEN DER LATERNEN:

Tragt in die Welt nun ein Licht (s. u., S. 183)

SCHLUSSGEBET:

Guter Gott,

wir gehen jetzt mit unseren Laternen in die Dunkelheit hinaus. Wir wollen die Nacht hell machen, damit die Menschen unsere Lichter sehen. So wie unsere Laternen leuchten, so möchten auch wir für andere Menschen leuchten, damit es in ihren Herzen hell wird. Hilf uns, mit unserem Leben und mit unseren Taten Licht für andere Menschen zu werden, so wie der heilige Martin.

SEGEN:

Der Herr segne uns.

Er helfe uns, Licht in die Welt zu tragen,
damit es hell wird in den Herzen der Menschen.

Er helfe uns, Licht in die Welt zu tragen,
damit es warm wird in den Herzen der Menschen.

Er helfe uns, Licht in die Welt zu tragen,
damit es lebendig wird in den Herzen der Menschen.

Der Herr segne uns.

Er lasse uns Licht sein, damit wir wahrhaft leben.

Amen.

LIED ZUM AUSZUG MIT DEN ANGEZÜNDETEN LATERNEN:

Ich geh mit meiner Laterne (s. u., S. 184)

Bastelanleitungen für Requisiten zum Martinsspiel:

(Abb. 01) Bastelvorlage Mitra

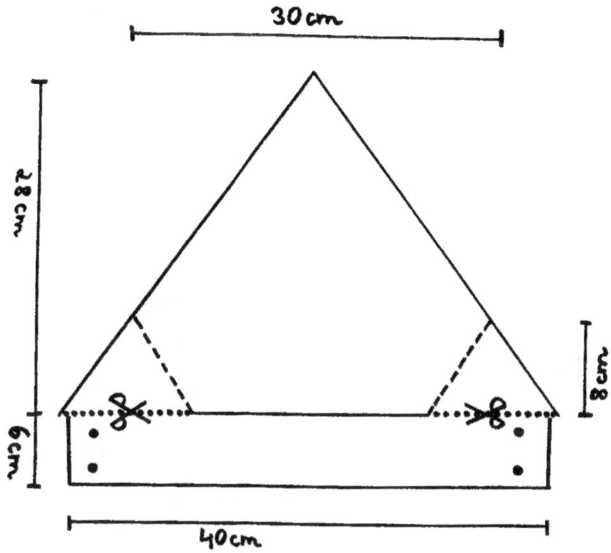

1. Die Vorlage wird entsprechend der angegebenen Maße auf weißen Tonkarton übertragen und zwei Mal ausgeschnitten. So erhält man je ein Vorder- und ein Rückteil für die Mitra.
2. Beide Teile werden jeweils an der rechten und linken Seite oberhalb des »Stirnbandes« entlang der gepunkteten Linien ca. 5 cm weit eingeschnitten und entlang der gestrichelten Linien nach hinten gefaltet. So entsteht die typische Mitra-Form.
3. Die Vorderseite der Mitra wird mit rotem oder goldgelbem Tonpapier je nach Geschmack gemäß Abb. 02 oder 03 verziert: Der obere Rand des »Stirnbandes« wird mit einem 1,5 cm breiten Streifen beklebt.

(Abb. 02) Mitra mit Streifen

Auf der Vorderseite wird mittig ein senkrecht durchgehender Tonpapierstreifen angebracht.

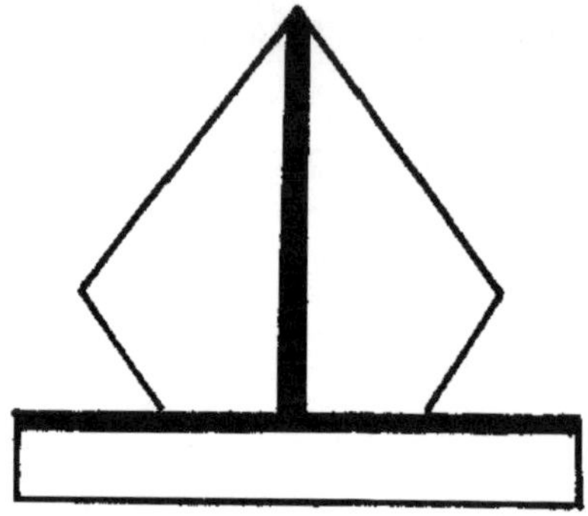

(Abb. 03) Mitra mit Kreuz

Auf der Vorderseite wird mittig ein Kreuz aus Tonpapier angebracht.

4. Vorder- und Rückteil der Mitra werden aufeinander gelegt. Mit Musterklammern werden die nach hinten gefalteten Dreiecke des Vorderteils mit denen des Rückteils im Innern der Mitra aneinander geheftet.
5. Die »Stirnbänder« werden in Kopfform gebogen und dem Kopf des Kindes angepasst. Dabei umschließen die Enden des vorderen »Stirnbandes« von außen die Enden des Rückteils.
6. Die überlappenden »Stirnband-Enden« werden, falls nötig, gekürzt.
7. Mit Musterklammern werden jeweils die »Stirnband-Enden« des Vorder- und des Rückteils der Mitra an der Hinterkopfseite aneinander geheftet.

(Abb. 04) Soldatenhelm

Bastelanleitung für die Helme:

1. Die Musterzeichnung (Abb. 05) wird maßstabgerecht auf die Rückseite eines silberfarbenen Plakatkartons übertragen.
2. Der äußere Umriss wird mit einer Schere ausgeschnitten.
3. Die Sichtöffnung des Helms wird mit einem scharfen Messer (Bastel- oder Teppichmesser) ausgeschnitten.
4. Die vorgezeichneten Löcher werden an den entsprechenden Stellen mit einer Lochzange ausgestanzt.
5. Damit der Helm eine runde Form annimmt, wird der Karton vorsichtig gebogen und an der Kleblasche zusammengeklebt (evtl. verstärkt durch Musterklammern!).
6. Die »Zacken« werden der angegebenen Reihenfolge nach zur Helmmitte hin gebogen und mit einer Musterklammer durch die ausgestanzten Löcher verbunden.

(Abb. 05) Musterzeichnung für Helme

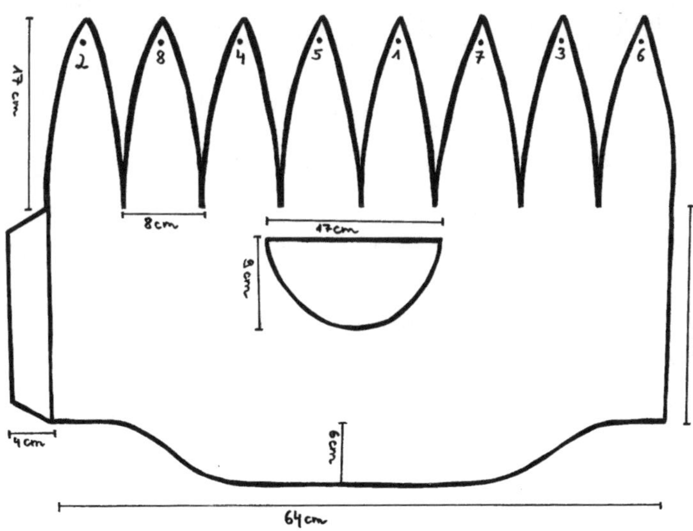

Malvorlagen für die Martinsspielkulisse:

(Abb. 06) Fachwerkkulisse I

Zur Farbgestaltung der Fachwerkkulissen I und II:

Himmel:	dunkelgrau – blau
Wolken:	hellgrau – weiß
Balken:	dunkelbraun
Zwischenräume:	weiß

(Abb. 07) Fachwerkkulisse II

Fenster (1):	leuchtend gelb
Türen (2):	dunkelgrün
Dächer:	ocker
Pflastersteine:	dunkelgrau
Mauerwerksteine:	hellgrau
Mauerwerkhintergrund:	ocker

Gutes tun und drüber reden – Veranstaltungshinweis für Lokalpresse und Aushang:

Martinsfest in der Pfarrkirche
Am kommenden Sonntag, 09.11.200×, lädt die Katholische Pfarrei N. N. alle Kinder und Eltern herzlich ein zum *Martinsfest* um 17.00 Uhr *in der Pfarrkirche*. Dort wird in aufwändiger Kulisse die Legende von Sankt Martin und dem Bettler in Szene gesetzt: Der Überlieferung nach teilte der Heilige Martin, der zunächst römischer Soldat war, seinen Soldatenmantel und gab eine Hälfte davon einem frierenden Bettler. So rettete er den armen Mann vor dem Erfrieren. Die Spielszene wird vom Posaunenchor der evangelischen Kirchengemeinde durch bekannte Martins- und Laternenlieder musikalisch gestaltet. Im Anschluss an das Martinsspiel führt Sankt Martin auf seinem Pferd den Laternenzug durch die Straßen der Gemeinde an. Die Teilnehmer werden gebeten, wegen des Pferdes keine Fackeln oder offenes Licht mitzubringen. Nach dem Martinszug findet auf dem Kirchplatz ein fröhlicher Ausklang mit Martinswecken, Glühwein und Kinderpunsch statt. Außerdem werden drei *Martinsfest-Candlelight-Dinner* für je zwei Personen in heimischen Restaurants verlost. Lose können vor oder nach der Martinsfeier erworben werden. Der Erlös der Veranstaltung ist für ein Obdachlosenprojekt bestimmt.

Aus den Bausteinen dieses Pressetextes lässt sich auch ein Ankündigungsplakat für das Sankt-Martin-Fest gestalten (analog den Plakatvorlagen zum Familiengottesdienst, s. u., S. 75, und zum Krippenspiel, s. u., S. 159). Auf DIN-A5-Format kopiert wird dieses Plakat zum Handzettel, der in Kindergärten und Grundschulen, an Kommunionkinder und in Kindergruppen ausgeteilt werden kann.

(Abb. 08) Bildelement für Plakat/Handzettel

FAMILIENGOTTESDIENSTE IM ADVENT

Wie ein »normaler« Gottesdienst, so sind auch die Familiengottesdienste an die Vorgaben der traditionellen Liturgie gebunden. Damit die Gottesdienstbesucher – und allen voran die Kinder – jedoch verstehen, was in der Liturgie gefeiert wird, worum es in der Messe geht, was den Glauben ausmacht und was das Ganze mit dem alltäglichen Leben zu tun hat, werden die vorhandenen Gestaltungsspielräume bei der Messfeier genutzt, um die »Frohe Botschaft« anschaulich und in leicht verständlicher (Alltags-)Sprache zu vermitteln. Dabei ist das Hauptmedium des Gottesdienstes das gesprochene Wort. Weil es aber für die Kinder immer schwieriger wird, bei der Flut der alltäglichen Eindrücke zuzuhören, »passiert« in den Familiengottesdiensten auch meistens etwas fürs Auge. So fällt es den jungen Gottesdienstbesuchern leichter, sich auf das gottesdienstliche Geschehen einzulassen und aktiv daran teilzunehmen.

Ziel der Familiengottesdienste ist es, Spaß am Glauben und an der Feier des Gottesdienstes zu vermitteln und Lust auf ein Leben zu machen, das – aus dem Glauben gestaltet – gelingen kann.

Geschenke sind Wege zueinander

Familiengottesdienst am 1. Adventssonntag

Grundlegende Gedanken und Ablauf des Gottesdienstes:
Zu Beginn der Adventszeit, wenn wir anfangen, uns Gedanken um die Weihnachtsgeschenke zu machen, wirft dieser Gottesdienst die Frage nach dem Sinn des Schenkens zu Weihnachten auf.

In der Einführung wird den Gottesdienstteilnehmern in einem Anspiel zunächst unsere oft lieblose und von vorweihnachtlichem Stress belastete Geschenkeplanung vor Augen geführt. Diese Praxis kritisierend wird der Grund weihnachtlichen Schenkens erklärt: An Weihnachten, dem Fest der Geburt Jesu, erinnern wir uns an das erste und größte Weihnachtsgeschenk, das Geschenk Gottes an uns Menschen, welches Jesus Christus selbst ist. Wir sind Beschenkte von Gott und geben unserer Freude darüber Ausdruck, indem wir uns gegenseitig beschenken. Folglich müssen wir uns bei unserer Geschenkeauswahl an Jesus und seinem Sich-Schenken orientieren und uns fragen, was ihm an seinem Geburtstag wohl am wichtigsten ist.

Die Kyrie-Rufe setzen Jesu liebevolles und personales Schenken in Gegensatz zu unserem oft lieblosen, gedankenlosen und oberflächlichen Schenken.

Zum Lesungsteil wird in Form eines Briefes die Frage aufgeworfen, was Jesus sich zu Weihnachten, an seinem Geburtstag, am meisten wünschen würde. Kinder und Erwachsene schreiben ihre Geschenkideen auf vorbereitete Geschenkepäckchen-Kopien.

In der Katechese wird verdeutlicht, dass Geschenke im Sinne Jesu Ausdruck und Zeichen der Zuneigung und Liebe, des Annehmens und des Wohlwollens sind. Solche Geschenke sind Schritte aufeinander zu und Wege zueinander. Jesus hat sich in vollendeter Weise selbst geschenkt. So sollen auch wir unsere Mühe, unsere Zeit, unsere Liebe mitverschenken.

In den Fürbitten werden diese Ansprüche in Form der Bitte noch einmal wiederholt.

Methodische Umsetzung/Besondere Aktionen:

- Zur Einführung: Anspiel in Dialogform
- Zum Lesungsteil: Fortsetzung des Anspiels, in dessen Verlauf die Gottesdienstbesucher eingeladen werden, Geschenkepäckchen-Kopien aus Tonkarton (Kopiervorlage s. u., S. 44) zu beschriften.
- Zum Schluss des Gottesdienstes erhalten die Gottesdienstbesucher einen Zeitgutschein zum Verschenken.

Altarraumgestaltung/Material:

- Vor dem Altar: eine leere Futterkrippe (in Originalgröße), adventlich verziert mit Tannengrün, Zapfen, Wurzeln
- An der Seite: ein Wohnzimmertisch mit Adventskranz, an dem die erste Kerze brennt; ein Stuhl, eine beschriebene Liste, ein Stift
- Ein Brief, evtl. ein Brieföffner
- Für die Schreibaktion: Stifte und Kopien der Geschenkepäckchen-Vorlage in der Anzahl der zu erwartenden sich beteiligenden Gottesdienstbesucher (bei gut besuchten Gottesdiensten ist zu überlegen, ob die Teilnahme an der Mitmachaktion auf die Kinder beschränkt wird)

Personen:

- Zwei Sprecher/innen A und B

Ablauf:

EINZUG: Orgelspiel

EINGANGSLIED:

Wir sagen euch an den lieben Advent (Troubadour 480,1)

ADVENTSKRANZSEGNUNG

Die erste Kerze wird am Adventskranz entzündet.

LITURGISCHE BEGRÜSSUNG

EINFÜHRUNG: Anspiel

(Sprecher/in A sitzt am Tisch und ist damit beschäftigt, eine lange Liste zu schreiben. Im Hintergrund – für die Gottesdienstbesucher nicht sichtbar – befindet sich Sprecher/in B, ausgestattet mit einem Funkmikro, über das im weiteren Verlauf der Einführungsszene das Herz/die innere Stimme von Sprecher/in A zu Wort kommt. Sofern kein Funkmikro vorhanden ist, kann die Szene als Dialog von zwei »realen« Sprecher/innen dargestellt werden. Sprecher/in B tritt dann vom Ambo aus auf.)

SPRECHER/IN A:

(legt den Stift aus der Hand und wischt sich über die Stirn)

Puh, geschafft: die Einkaufsliste für die Weihnachtsgeschenke ist fertig! Am besten gehe ich alles noch einmal von vorn durch, damit ich auch sicher bin, dass ich nichts und niemanden vergessen habe.

(geht sichtlich genervt die Liste durch)

Also: Marion bekommt das Kofferset für den Urlaub, Mirko das Gameboyspiel und die neue CD von N. N. (Name einer aktuellen Popgruppe). Für Oma besorge ich Bettschuhe wegen ihrer ewig kalten Füße und Opa freut sich bestimmt wieder auf ein Stück Schinken vom Metzger Schmidt. Damit wären dann wenigstens schon mal die nächsten Familienangehörigen versorgt.

SPRECHER/IN B:

(versucht, Sprecher/in A behutsam zu unterbrechen)

Halt! Warte mal!

SPRECHER/IN A:

(überhört den Einwand und geht mit gereiztem Tonfall die Liste weiter durch:)

Tante Edith darf sich mit dem neuen Hautpflegeöl verwöhnen und Onkel Rudi kann derweil die gute Flasche Cognac genießen. Für Thomas ist das Buch, für Rita das Halstuch. Den Gutschein fürs Essen verschenke ich an Monika und Edwin. Ich denke, damit können die beiden mehr als zufrieden sein.

SPRECHER/IN B:

(versucht wieder, Sprecher/in A zu unterbrechen)

Hey, du. Hör mir doch mal zu!

SPRECHER/IN A:

(ist so mit der Liste beschäftigt, dass auch dieser Einwand überhört wird)

Sonja bekommt irgendwas Nettes für die Wohnung – da wird sich sicher auf dem Weihnachtsmarkt was finden lassen. Ach ja, was ist denn mit Klaus? Den hätte ich doch fast vergessen. Was könnte ich dem denn schenken? Hm, schwierig, schwierig ... *(überlegt)*

SPRECHER/IN B:

(eindringlicher) Hallo! Ich spreche mit dir!

SPRECHER/IN A:

(horcht auf und sieht sich um.)

Was war das denn? Wer hat denn da gesprochen?

SPRECHER/IN B:

Ich, dein Herz, deine innere Stimme!

SPRECHER/IN A:

(ungläubig und verwirrt) Wie bitte?

SPRECHER/IN B:

Ja, du hast richtig gehört. Ich bin deine innere Stimme. Du weißt ja: Ich melde mich immer dann bei dir, wenn ich das Gefühl habe, dass du dich nicht wohl fühlst bei dem, was du tust.

SPRECHER/IN A:

Du meldest dich aber auch immer, wenn ich dich überhaupt nicht gebrauchen kann! Ausgerechnet heute! Und dann flüsterst du auch noch so!

SPRECHER/IN B:

Ich spreche immer nur sehr leise. Wenn du mich hören willst, musst du still werden, sehr aufmerksam sein und genau in dich hineinhorchen.

SPRECHER/IN A:

Aha! Ich will es versuchen. Was möchtest du mir denn sagen?

SPRECHER/IN B:

Ich glaube, dass du auf dem besten Weg bist, in den
Weihnachtsgeschenke-Kaufstress zu geraten.

SPRECHER/IN A:

»In Stress *zu geraten*«, ist gut gesagt. Ich denke, dass ich schon *mittendrin* stecke!

SPRECHER/IN B:

Das ist eigentlich nicht der Sinn der Sache! Ich habe den Eindruck, dass du bei deiner Sorge um die Geschenke das Wichtigste von Weihnachten aus den Augen verlierst!

SPRECHER/IN A:

Das Wichtigste von Weihnachten? Aber sind das nicht die Geschenke?

SPRECHER/IN B:

Nicht ganz. Hast du mal darüber nachgedacht, warum wir uns an Weihnachten überhaupt gegenseitig etwas schenken?

SPRECHER/IN A:

Hm, tja ... also, man macht das halt so.

SPRECHER/IN B:

Ja, du hast Recht: Schenken an Weihnachten ist ein schöner Brauch. Aber es ist mehr als das: Die Geschenke erinnern uns an das erste und größte Weihnachtsgeschenk. Sie erinnern uns an das erste Weihnachtsfest, als Gott uns Menschen Jesus geschenkt hat. An Weihnachten feiern wir den Geburtstag von Jesus. Wenn wir das bedenken, kommt es bei den Geschenken, die wir uns aus diesem Anlass gegenseitig machen, nicht darauf an, dass alle mit einem Päckchen versorgt sind und etwas zum Auspacken haben, sondern dass wir überlegen, was Jesus beim Schenken das Wichtigste ist. Immerhin feiern wir an Weihnachten *seinen* Geburtstag!

SPRECHER/IN A:

(nachdenklich) Ja, stimmt. Aber dadurch wird das Schenken auch nicht einfacher!

SPRECHER/IN B:

Einfacher wird es dadurch sicher nicht, aber es wird anders.

SPRECHER/IN A:

Wie meinst du das?

SPRECHER/IN B:

Vielleicht denkst du erst mal selbst darüber nach und versuchst, eine Antwort darauf zu finden.

SPRECHER/IN A:

Okay, einverstanden. Ich bin gespannt, was dabei herauskommt.
(geht nachdenklich ab)

KYRIE:

Herr, das erste und größte Weihnachtsgeschenk bist du selbst. Du bist zum allerersten Weihnachtsfest bei uns Menschen geboren worden und hast bei uns gelebt. Du hast dich selbst uns Menschen geschenkt. Aus Freude darüber, dass du zu uns gekommen bist, machen auch wir uns an Weihnachten gegenseitig Geschenke. Aber manchmal vergessen wir, mit unseren Geschenken »Ich hab dich lieb« zu sagen.

➢ Herr, du hast dich selbst uns Menschen geschenkt, weil du uns lieb hast. Wenn wir uns an Weihnachten Geschenke machen, folgen wir deinem Beispiel. Aber es gelingt uns nicht immer, mit Liebe zu schenken. – Herr, erbarme dich.
➢ Herr, du hast dich selbst uns Menschen geschenkt, weil du uns Freude bringen wolltest. Wenn wir uns an Weihnachten Geschenke machen, folgen wir deinem Beispiel. Aber es gelingt uns nicht immer, den anderen eine Freude zu bereiten. – Christus, erbarme dich.
➢ Herr, du hast dich selbst uns Menschen geschenkt, weil du weißt, welche Wünsche in unseren Herzen wohnen. Wenn wir uns an Weihnachten Geschenke machen, folgen wir deinem Beispiel. Aber es gelingt uns nicht immer, aufeinander zu achten und die Herzenswünsche zu entdecken. – Herr, erbarme dich.

VERGEBUNGSBITTE

(GLORIA ENTFÄLLT IN DER ADVENTSZEIT)

TAGESGEBET

LESUNG: Fortsetzung des Anspiels

SPRECHER/IN A:

(betritt die Wohnzimmerkulisse mit einem Brief in der Hand.)

Ich habe einen Brief von Julia bekommen!

(zu den Gottesdienstbesuchern gewandt:)

Julia ist mein Patenkind. Sie ist zehn Jahre alt und wohnt in Dortmund. Mal sehen, was sie schreibt.

(öffnet den Brief und liest ihn vor:)

Liebe(r) N. N.,

wie geht es dir? Mir geht es gut. Ich freue mich schon auf die Adventszeit. Mama und ich haben gestern die ganze Wohnung geschmückt. An jedem Fenster haben wir Sterne aufgehängt. Im Wohnzimmer haben wir eine Vase mit Tannenzweigen aufgestellt und viele kleine Holzfiguren drangehängt. Das sieht so schön aus. Mama hat mir gezeigt, wie man aus buntem Papier Kerzenständer falten kann. Ganz viele haben wir davon gemacht. Wir haben sie auf den Fensterbänken verteilt und Teelichter hineingestellt. Als es dunkel geworden ist, haben wir alle Kerzen angezündet. Das war richtig gemütlich!

Am Donnerstag haben wir in der Schule über Weihnachten gesprochen. Frau Bendorf, unsere Lehrerin, hat uns erzählt, dass wir an Weihnachten den Geburtstag von Jesus feiern. Weil wir uns so darüber freuen, dass Jesus zu uns Menschen auf die Welt gekommen ist, schenken wir uns an Weihnachten etwas. Mein Freund Murat fand das sehr merkwürdig. Murat kommt aus der Türkei und hat einen anderen Glauben. Er konnte gar nicht verstehen, dass *wir* Geschenke bekommen, wenn *Jesus* Geburtstag hat. Murat hat gesagt, dass *Jesus* doch das Geburtstagskind ist und eigentlich von uns etwas geschenkt bekommen müsste. Da haben alle über Murat gelacht. Aber Frau Bendorf hat gesagt, dass Murat Recht hat. Weil die Stunde schon fast zu Ende war, hat sie uns eine Hausaufgabe aufgegeben: Wir sollen uns bis in zwei Wochen überlegen, was Jesus sich zu seinem Geburtstag am meisten von uns wünschen würde. Mir ist bisher außer gebrannten Mandeln und einem Weihnachtsbaum noch nichts eingefallen. Aber ich weiß nicht, ob Jesus sich darüber *wirklich* freuen würde. Mama und Papa habe ich auch schon gefragt, aber sie haben keine Idee. Vielleicht kannst du mir ja helfen. Fällt dir etwas ein, was Jesus an seinem Geburtstag am wichtigsten sein könnte? Schreib mir bitte bald zurück oder ruf mich an, wenn dir ein Gedanke dazu gekommen ist.

Viele Grüße!
Deine Julia

(faltet den Brief zusammen, nachdenklich:)

Was würde sich Jesus von uns am meisten zu seinem Geburtstag wünschen? Oje, das ist aber eine schwierige Hausaufgabe! Ich kann verstehen, dass Julia dabei Hilfe braucht. Da muss ich erst mal ein wenig nachdenken ...

Aber glücklicherweise bin ich ja heute nicht allein hier. Vielleicht könnt ihr/können Sie mir dabei helfen? Ich verteile nun Stifte und Zettel und jeder, der eine Idee hat, was sich Jesus von uns zum Geburtstag wünschen würde, kann es aufschreiben oder aufmalen und den Zettel dann in die Krippe hier vorne legen. Damit wir Ruhe haben, um über die Frage nachzudenken, wollen wir dabei nicht sprechen, sondern leise sein und ein bisschen Musik hören.

(Sprecher/in A verteilt, evtl. mit Hilfe der Messdiener oder größerer Kinder, die Geschenkepäckchen-Kopien an die Gottesdienstbesucher. Während der Mitmachaktion wird leise Meditationsmusik – evtl. »Einmal Himmel und zurück«, Kontakte-Musikverlag Lippstadt – von CD oder Orgel gespielt.)

(Abb. 09) Kopiervorlage Geschenkepäckchen

(Die Gottesdienstbesucher beschriften die Geschenkepäckchen-Kopien aus Tonpapier und legen sie in die Futterkrippe am Altar. Der Leiter der Katechese wählt während des folgenden Zwischengesangs einige der beschrifteten »Päckchen« zum Vorlesen in der Katechese aus.)

ZWISCHENGESANG

EVANGELIUM

KATECHESE:

Gespräch mit den Kindern

1. Schritt: Vorlesen der »Geschenkaufschriften«

Der Katechet liest einige der im Lesungsteil formulierten Geschenkaufschriften exemplarisch vor. Zu erwarten sind erfahrungsgemäß Aufschriften mit ungefähr folgendem Inhalt:

VON KINDERN:

- dass wir uns nicht mehr streiten
- dass wir lieb zueinander sind
- dass wir keinen beim Spielen wegschubsen oder auslachen
- dass wir teilen
- dass alle Menschen gleich behandelt werden
- dass wir uns wieder vertragen, wenn wir uns gestritten haben, etc.

VON ERWACHSENEN:

- Liebe
- Toleranz
- Glaube
- Geduld
- Versöhnung
- Frieden etc.

2. Schritt: Erarbeitung im Gespräch: Was Jesus beim Schenken wichtig ist – Geschenke als Wege zueinander

KATECHET:

Ihr habt ja so viele und tolle Ideen gehabt, was wir Jesus zu Weihnachten schenken können. Und ich glaube, dass er sich über all diese Geschenke sehr freuen würde. Aber so viele Geschenkepäckchen wir auch nun hier vorn in der Krippe haben, so unterschiedlich sind all diese Geschenkideen gar nicht. Wenn man genau hinschaut, dann sind sie sich sogar sehr ähnlich. Habt ihr das auch schon gemerkt?

MÖGLICHE ANTWORTEN:

- Das sind alles Geschenke, die man nicht in einem Geschäft kaufen kann.
- Das sind Geschenke, für die man etwas tun muss.

- Diese Geschenke helfen den Menschen, friedlich miteinander zu leben.
- Das sind eigentlich Geschenke für uns Menschen, damit unser Leben schön wird und niemand traurig ist.

MÖGLICHE IMPULSFRAGEN ZUR ANREGUNG DES GESPRÄCHS MIT DEN KINDERN:

Woher bekommt man diese Geschenke? Kann man sie in einem Geschäft kaufen? Was wäre, wenn wir Jesus wirklich diese Geschenke machen würden? Was kann man damit anfangen? Was würde sich dann bei uns ändern?

ZUSAMMENFASSUNG (WENN NÖTIG, MIT INPUT):

Die Geschenke, die hier in der Krippe liegen, das sind eigentlich Geschenke für uns Menschen. Jesus wünscht sie sich, weil er uns gern hat. Diese Geschenke sollen uns helfen, friedlich und glücklich miteinander zu leben. Es sind nicht nur eingepackte Sachen, die man einfach abgibt, sondern wirkliche Geschenke, denn sie zeigen dem anderen: Du bist mir wichtig, ich bemühe mich um dich, ich hab' dich gern. Diese Geschenke zeigen und bewirken etwas. Sie sind wie Schritte, die man aufeinander zu macht, wie Wege, die zueinander führen.

3. Schritt: Input: Jesus hat sich uns selbst geschenkt und den Weg zu uns genommen

KATECHET:

Und genau das möchte Jesus: dass unsere Geschenke uns zueinander führen, dass wir uns durch sie näher kommen. Jesus selbst hat auch so geschenkt. Und er hat nicht irgendetwas geschenkt, er hat sich selbst geschenkt. Er ist zu uns gekommen, in unsere Welt. Er hat den Weg zu uns Menschen genommen, er ist am allerersten Weihnachtsfest bei uns geboren worden und hat bei uns und mit uns gelebt. Er hat den Weg zu uns genommen, hat uns sich selbst geschenkt, weil er uns lieb hat und will, dass wir glücklich sind.

4. Schritt: Rückbezug zur Einführung:
Anspruch an unser eigenes Schenken

KATECHET:

Jetzt müssen wir noch einmal überlegen: Ganz am Anfang des Gottesdienstes, da hat jemand total gestresst seine Geschenkeliste abgehakt. Da hat sich das Herz gemeldet, weil es nicht damit einverstanden war. Ich denke, Jesus wäre auch nicht mit einer solchen Geschenkeplanung einverstanden. Wenn wir so schenken wollen, wie Jesus es sich wünscht, was müssen wir denn dann beachten?

MÖGLICHE ANTWORTEN:

- Wir überlegen, wie wir wirklich eine Freude machen können.
- Wir strengen unsere Phantasie an.
- Wir zeigen dem anderen, dass wir ihn mögen.
- Wir können selbst etwas basteln und uns viel Mühe geben, damit das Geschenk ganz schön aussieht.
- Wir können einen lieben Brief dazu schreiben etc.

5. Schritt: Zusammenfassende Schlussbetrachtung

KATECHET:

Mit solchen Geschenken, wie ihr sie genannt habt, ist Jesus bestimmt einverstanden. Sie zeigen dem Beschenkten, dass er uns wichtig ist, dass wir ihn annehmen, dass wir ihm eine Freude machen wollen. Wir schenken nicht irgendwas, sondern etwas von uns selbst: Unsere Mühe, unsere Zeit, unsere Liebe. So sind diese Geschenke Wege zueinander.

Daran wollen wir denken, wenn wir uns jetzt, zu Beginn der Adventszeit, Gedanken über die Geschenke machen!

CREDO: Kündet allen in der Not (Gotteslob 106,1–2)

FÜRBITTEN:

Vater im Himmel, du möchtest, dass die Geschenke, die wir einander machen, wie Wege sind, die uns zueinander führen. Aber es fällt uns oft schwer, so zu schenken, wie du es möchtest. Daher bitten wir dich:

- Schenke uns ein offenes Herz, damit wir mit gutem Willen, Zuneigung und Liebe unsere Geschenke aussuchen! – Wir bitten dich, erhöre uns!
- Schenke uns ein aufmerksames Herz, damit wir die Wünsche unserer Mitmenschen aufspüren, erkennen und erfüllen können! – Wir bitten dich, erhöre uns!
- Schenke uns ein weites Herz, damit wir auch diejenigen wohlwollend beschenken, mit denen wir uns nicht so gut verstehen! – Wir bitten dich, erhöre uns!
- Schenke uns ein ruhiges Herz, damit wir mit Zeit und Hingabe unsere Geschenke aussuchen und selbst gestalten können! – Wir bitten dich, erhöre uns!
- Schenke uns ein liebevolles Herz, damit wir uns auch selbst mitverschenken können! – Wir bitten dich, erhöre uns!
- Schenke allen, die gestorben sind, deine liebevolle Nähe! – Wir bitten dich, erhöre uns!

GABENBEREITUNG: Herr, wir bringen in Brot und Wein unsere Welt zu dir (Gotteslob 534)

HOCHGEBET

SANCTUS: Heilig, Herr und Gott der Scharen (Troubadour 232)

VATER UNSER

FRIEDENSGRUSS

AGNUS DEI

KOMMUNION: Orgelspiel

NACH DER KOMMUNION: Schenken

Schenke herzlich und frei.
Schenke dabei,
was in dir wohnt
an Meinung, Geschmack und Humor,
so dass die eigene Freude zuvor
dich reichlich belohnt.

Schenke groß oder klein,
aber immer gediegen.
Wenn die Bedachten die Gaben wiegen,
sei dein Gewissen rein.
Schenke mit Geist, ohne List.

Sei eingedenk,
dass dein Geschenk
du selber bist.

JOACHIM RINGELNATZ

aus: Ders., Gesamtwerk in sieben Bänden, Hrsg. Walter Pape

HINWEIS AUF DIE ZEITGUTSCHEINE:

In unserem Gottesdienst haben wir heute viel über Schenken und Geschenke gehört und geredet. Vielleicht überlegen einige sogar schon, was sie in diesem Jahr bei den Weihnachtsgeschenken anders machen können, aber es ist ihnen noch nichts eingefallen. Bevor wir nach Hause gehen, haben wir deshalb noch einen Vorschlag für ein ganz besonderes Geschenk zu Weihnachten. Wie wäre es damit, Zeit zu verschenken?

Zeit ist ein sehr praktisches Geschenk. Man kann sie an große und kleine, junge und alte Menschen verschenken. Sie wiegt nicht viel, sie kostet kein Geld und jeder kann sie sich nehmen.

Geschenkte Zeit ist unglaublich wertvoll, denn sie kommt von Herzen. Außerdem kann man mit dem Zeit-Geschenk beinahe alles machen: zusammen spielen, lachen, Späße machen, miteinander reden, gemeinsam etwas unternehmen.

Wem diese Geschenkidee gefällt, der kann nach dem Gottesdienst einen der Zeitgutscheine mit nach Hause nehmen, die gleich am Ausgang verteilt werden (Kopiervorlage s. u., S. 52f.).

SCHLUSSGEBET UND SEGEN:

Der Herr segne uns.

Der Herr segne unsere Geschenke,
auf dass sie zu Wegen werden,
die uns zueinander führen.

Der Herr segne unser Schenken,
auf dass es zum Zeichen werde
für unsere Zuneigung und Liebe.

Der Herr segne uns,
auf dass wir selbst zum Geschenk werden. Amen.

SCHLUSSLIED:

Worauf es ankommt, wenn er kommt (Troubadour 758)

Zeitgutschein:

Bastelanleitung für eine Klappkarte in DIN-A6-Format mit Längsfalz

(Abb. 10) Skizze für 2 Klappkarten

Außen-
seite

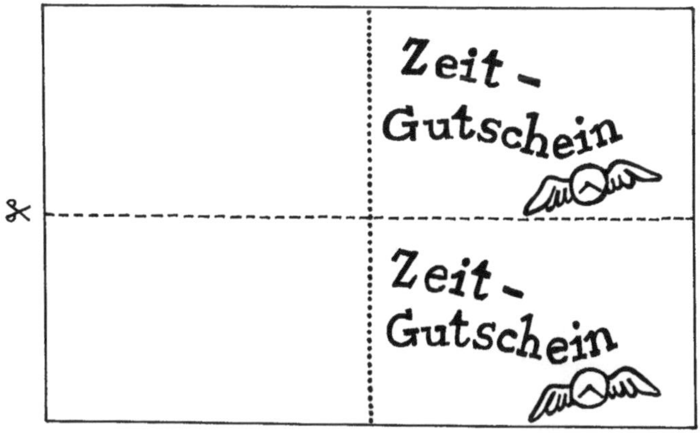

Innen-
seite

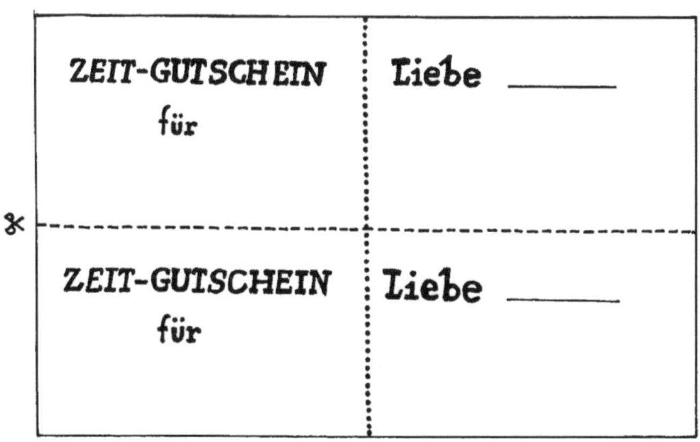

Zur Herstellung der Klappkarten werden die Motive entsprechend der Vorlage (s.Abb.10a) auf weißen DIN-A4-Karton bzw. festes Papier kopiert. Hierbei wird die Innenseite auf die Rückseite der Außenseite kopiert. Aus einem DIN-A4-Blatt entstehen 2 Klappkarten, indem der Karton längs halbiert und anschließend gefaltet wird.

(Abb. 11a) Kopiervorlage Deckblatt

(Abb. 11b) Kopiervorlage Innenteil, linke Seite

ZEIT-GUTSCHEIN

für

____

einzulösen bei

____

Kopiervorlage Innenteil, rechte Seite

Liebe ________________________

Ich habe lange nachgedacht,
was ich dir schenk zur Heil'gen Nacht.
Etwas von Herzen soll es sein,
wertvoll und schön noch obendrein.
So schenk' ich dir von meinem Tag

ZEIT zum ________________________,

weil ich dich mag.

Damit es Weihnachten werden kann

Familiengottesdienst mit Krippensegnung am 4. Adventssonntag

Gedankliche Grundlagen und Gottesdienstablauf:
Dieser Gottesdienst am vierten Adventssonntag lädt die Teilnehmer wenige Tage vor Weihnachten ein, innezuhalten und darüber nachzudenken, wie Weihnachten nicht nur als nostalgisch-romantisches Fest äußerlich vorbereitet, sondern wie es in uns selbst, in unseren Herzen, sinn-erfüllt »(vor-)weihnachtlich« werden kann. So wird in der Einführung die Frage gestellt: »Bin ich wirklich bereit, Jesus bei mir ankommen zu lassen, ihn in meinem Herzen aufzunehmen?«

Anknüpfend an diese Fragestellung wird in den Kyrie-Rufen zum Ausdruck gebracht, dass unsere Weihnachtsvorbereitungen oft in Äußerlichkeiten stecken bleiben und uns so sehr in Anspruch nehmen, dass die Weihnachtsbotschaft nicht mehr in ihrer ganzen Bedeutung bei uns ankommen kann. Ein so gefeiertes Weihnachtsfest hinterlässt nicht selten eine seltsame Leere.

Zum Lesungsteil treten die Krippenfiguren auf – Maria, Josef, die Hirten und die Sterndeuter –, gespielt von verkleideten Kindern. Sie erzählen, was sie einige Tage vor Jesu Geburt, dem allerersten Weihnachten, gedacht und gefühlt, wie sie auf Jesus gewartet haben. Sie bringen zum Ausdruck, wie und warum es bei ihnen Weihnachten werden konnte. Hierauf aufbauend wird in der Katechese meditativ verdeutlicht, dass sie alle, jeder auf seine Weise, das Heil erwarteten, dass ihre Herzen offen waren für die Zuwendung Gottes. Diese Offenheit äußert sich bei den Sterndeutern in ihrem aufmerksamen und hoffnungsvollen Suchen, bei den Hirten in ihrer tiefen Sehnsucht nach Annahme und Liebe, bei Josef in seiner hörenden Bereitschaft, die ihm von Gott zugedachten Aufgaben zu erfüllen, bei Maria in ihrem Vertrauen, das sie ihr ganzes Leben in Gottes Hand legen und ihr bedingungsloses »Ja« sprechen lässt.

In ihrem Suchen und Sehnen, in ihrer Bereitschaft und ihrem Vertrauen sind die Krippenfiguren Vorbild und Wegweiser für unsere eigene Weihnachtsvorbereitung: Wenn wir wie sie unsere Augen und Ohren, unsere Herzen und Gedanken, wenn wir uns selbst öffnen, dann kann Jesus auch bei uns ankommen, dann kann es in unseren Herzen Weihnachten werden.

Methodische Umsetzung/Besondere Aktionen:
Während des Lesungsteils entsteht ein Standbild mit lebendigen Krippenfiguren.

Praktische Hinweise:

- Zur Darstellung der Krippenfiguren (Maria, Josef, drei Hirten, drei Sterndeuter) werden acht Kinder ab Kommunionalter benötigt, die relativ flüssig und gut betont lesen können. Jedes Kind wird mit einem seiner Rolle entsprechenden Kostüm gekleidet (sofern vorhanden, z. B. aus dem Krippenspiel- oder Sternsingerfundus).
- Evtl. weitere Requisiten: ein Fernrohr für die Sterndeuter, ein Hirtenstab für die Hirten
- Für das Anspiel ist eine Probe von ca. 30–45 Minuten einzuplanen (am besten einige Tage vor dem Familiengottesdienst, damit die Kinder noch genügend Zeit haben, die Texte zu Hause zu üben). Bei der Probe lesen die Kinder die jeweiligen Texte und üben ihre Position innerhalb des lebenden Standbildes ein.

Altarraumgestaltung:
Eine leere Futterkrippe (in Originalgröße), umgeben von Heu und Stroh, evtl. ein Strohballen

Ablauf:

EINZUG

ORGELSPIEL

EINGANGSLIED: Wir sagen euch an (Troubadour 480,4)

AM ADVENTSKRANZ:
Die vierte Kerze wird am Adventskranz entzündet.

LITURGISCHE BEGRÜSSUNG

EINFÜHRUNG:

SPRECHER/IN:

(summt fröhlich ein bekanntes Weihnachtslied vor sich hin und hat den Essener Adventskalender oder ein Adventskalenderbuch in der Hand:)

Mensch, nur noch ein paar Tage, und dann ist Weihnachten. Ich freu' mich vielleicht schon darauf! Ich bin gespannt, was ich für Geschenke bekomme. Gestern habe ich die letzte Weihnachtskarte abgeschickt und der Weihnachtsbaum steht auch schon seit einer Woche auf der Terrasse. Heute haben wir die Krippe vom Speicher geholt und schon mal angefangen, sie aufzubauen. Hier kann man bereits sehen, wie weit wir damit gekommen sind.

Ich bin schon richtig rappelig. Ich hoffe, dass alles wieder so schön wird wie im letzten Jahr. Oder vielleicht sogar noch besser.

Also, ich finde, an den letzten Tagen vor Weihnachten dauert das Warten auf Heiligabend am allerlängsten. Wie gut, dass es einen Adventskalender gibt! Da hat man wenigstens ein bisschen Ablenkung und muss nicht ständig ans Warten denken. Ich habe in diesem Jahr keinen Adventskalender mit kleinen Türchen, sondern so einen:

(hält den Essener Adventskalender/das Adventskalenderbuch hoch)

Da gibt es für jeden Tag im Advent ein Kalenderblatt mit einer Geschichte, einem Lied oder einem Vorschlag zum Basteln. Oh, da fällt mir ein: Ich habe noch gar nicht nachgesehen, was heute drin steht. Moment ...

(blättert im Adventskalender und liest zuerst leise für sich)

Mhm ... aha ... das ist ja erstaunlich! Hier steht, dass immer mehr Menschen vor lauter Weihnachtsvorbereitungen glatt vergessen, warum wir überhaupt Weihnachten feiern.

(liest murmelnd weiter)

Mhm ... wir sollen uns fragen, ob wir überhaupt *bereit* sind, Jesus auch heute noch bei uns ankommen zu lassen.

(fährt demonstrativ mit dem Finger über den gesamten Text, so dass für die Gottesdienstbesucher deutlich wird, dass es sich um eine längere Textstelle handelt)

Das ist ja wirklich interessant ... Aber ich glaube, *das* muss ich mir erst mal in Ruhe durchlesen.

(wiederholt langsam:)

Tja, bin ich wirklich bereit, Jesus bei mir ankommen zu lassen ...?

(geht nachdenklich ab)

KYRIE:

Für viele von uns ist die Adventszeit eine unruhige, arbeitsreiche und hektische Zeit. Wir besorgen Geschenke, schreiben Karten, planen das Festessen, bereiten Besuche vor und denken darüber nach, was wir alles vergessen haben könnten. Doch eigentlich sollte diese Zeit eine Zeit der Ruhe und Stille, eine Zeit des Wartens und der Besinnung sein.

- Herr, der Advent ist die Zeit der Vorbereitung. Wir bereiten so vieles vor in dieser Zeit. Aber oft machen wir unser Herz nicht bereit, damit du bei uns ankommen kannst. – Herr, erbarme dich.
- Herr, der Advent ist die Zeit des Nachdenkens. Wir denken über so vieles nach in dieser Zeit. Aber oft denken wir nicht darüber nach, wie wichtig deine Geburt für unser Leben ist. – Christus, erbarme dich.
- Herr, der Advent ist eine Zeit des Wartens. Wir warten auf so vieles in dieser Zeit. Aber oft vergessen wir, dass wir auf dich warten. – Herr, erbarme dich.

VERGEBUNGSBITTE

(GLORIA ENTFÄLLT IN DER ADVENTSZEIT)

TAGESGEBET

LESUNG: Anspiel

(Die Kinder, die Maria, Josef, die Hirten und die Sterndeuter darstellen, bauen im Anschluss an das Vorlesen ihres jeweiligen Sprechtexts nach und nach ein lebendes Standbild um die leere Futterkrippe auf: Maria setzt sich auf den Strohballen und legt ihre Hände wie eine Schale auf die Knie. Josef stellt sich hinter Maria und legt schützend seine Hände auf ihre Schultern. Die Hirten setzen sich rechts vor die

Futterkrippe und bringen durch Mimik und Gestik ihre Nachdenklichkeit und ihre Erwartungshaltung zum Ausdruck. Die Sterndeuter stellen sich links neben der Futterkrippe auf und fixieren einen festgelegten Punkt am Himmel. Einer der Sterndeuter weist mit ausgestrecktem Arm dorthin, der zweite hat ein Fernrohr, mit dem er in den Himmel sieht, und der dritte hält mit einer Hand über den Augen Ausschau.)

SPRECHER/IN:

(tritt wieder auf)

Also, ich habe mir jetzt das Adventskalenderblatt von heute durchgelesen. Darauf stand ja die Frage, ob ich wirklich darauf vorbereitet bin, dass Jesus auch bei *mir* ankommen kann. Hier im Adventskalender wird vorgeschlagen, man soll sich ein Beispiel nehmen an Maria, Josef, den Hirten und den Sterndeutern, die wir auch die Heiligen Drei Könige nennen. Hier steht, dass Jesus damals in Betlehem ankommen und wichtig werden konnte, weil Maria und die anderen ihn alle auf eine besondere Art und Weise erwartet haben. Auch um uns daran zu erinnern und uns daran ein Beispiel zu nehmen, bauen wir immer an Weihnachten eine Krippe auf.

Wenn ich Maria, Josef, die Hirten und die Sterndeuter an der Krippe stehen sehe, würde ich schon mal gern wissen, was sie gedacht und gefühlt haben. Ich habe eine Idee: Wir stellen uns jetzt einfach vor, die Krippenfiguren könnten reden und wir hätten ein paar Tage vor dem allerersten Weihnachtsfest, vor dem Geburtstag von Jesus also. Ich bin wirklich gespannt, was Maria und Josef, die Hirten und die Sterndeuter uns zu erzählen haben. Oh, da kommt schon Maria.

(weist auf Maria, die aus dem Hintergrund tritt und sich vom Ambo aus vorstellt)

MARIA:

Ich heiße Maria und bin mit Josef, meinem Mann, auf dem Weg nach Betlehem wegen der Volkszählung, die Kaiser Augustus angeordnet hat. Eigentlich wohnen wir in Nazaret. Das ist viele Tagesmärsche von Betlehem entfernt. Für mich ist diese Reise ganz besonders anstrengend, denn ich erwarte ein Baby. Dass ich so bald Mutter werden würde, habe ich, ehrlich gesagt, nicht gedacht. Vor einigen Monaten kam ein Bote Gottes, ein Engel, zu mir und hat mir gesagt, dass Gott mich lieb hat und etwas Wunderbares, etwas Besonderes mit mir vorhat: Ich soll Mutter eines Sohnes werden. Das Kind soll Jesus heißen und es wird Gottes Sohn genannt werden.

Ich habe mich gefürchtet, als der Engel mit mir gesprochen hat. Mir war überhaupt nicht klar, was das alles zu bedeuten hat. Ich habe darüber nachgedacht, aber dann habe ich auf meine innere Stimme gehört. Ich habe gespürt, dass Gott es gut mit mir meint, auch wenn ich vielleicht nicht verstehe, was Gott vorhat und wohin seine Pläne führen werden. Ich glaube, dass Gott hält, was er verspricht, und ich vertraue ihm. Deshalb habe ich »Ja« zu Gottes Willen gesagt. Ich möchte die Mutter von Gottes Sohn Jesus werden. Ich möchte für ihn da sein, auf ihn aufpassen, ihn trösten und mich um ihn kümmern. Ich möchte Jesus meine ganze Liebe schenken.

(nimmt ihre Position bei dem Standbild ein)

SPRECHER/IN:

Maria hat ja schon gesagt, dass sie nicht allein ist. Josef ist bei ihr und geht mit ihr gemeinsam nach Betlehem. Hören wir, welche Gedanken sich Josef wenige Tage vor dem allerersten Weihnachtsfest macht.

JOSEF:

Ich heiße Josef und bin Marias Mann. Ich habe Maria ganz lieb und möchte immer bei ihr sein. Maria bekommt bald ein Baby und braucht mich jetzt besonders. Das Kind wird Gottes Sohn genannt werden und es wird später, wenn es groß ist, der Retter werden, auf den unser Volk schon so lange wartet. Wenn das Kind geboren ist, sind wir eine richtige Familie. Der kleine Jesus braucht einen Vater und ich will ein guter Vater für Jesus sein. Ich werde ihn beschützen und für ihn sorgen. Ich werde ihm zeigen, wie man als Zimmermann arbeitet und wie man mit Hobel und Hammer umgeht. Ich werde mit ihm beten und ihn unsere jüdischen Gesetze lehren. Ich werde ihm die Psalmen aus den Heiligen Schriften vorlesen und ihn mit in den Tempel nehmen, wenn er alt genug dafür ist. Ich werde jedes Jahr mit Jesus nach Jerusalem zum Passahfest pilgern, so wie es sich für einen frommen Juden gehört. Gott traut mir diese Aufgabe zu. Ich will auf Gottes Willen hören und mein Bestes geben, damit Jesus bei Maria und mir gut aufwachsen und groß werden kann.

(nimmt seine Position bei dem Standbild ein)

SPRECHER/IN:

Maria und Josef wissen schon länger, dass Jesus bald geboren wird. Die anderen Menschen, die zu dieser Zeit leben, haben aber noch nichts davon erfahren. Sie warten immer noch auf den Messias, den Retter der Welt. Ihn hat Gott in den Heiligen Schriften angekündigt. Zu den Leuten, die ganz besonders auf den Messias warten, gehören die Hirten. Sie leben die meiste Zeit außerhalb der Stadt bei ihren Schafherden. Hören wir einmal genau zu, warum sie sich den Retter der Welt so sehnlichst wünschen.

HIRTEN

DAVID:

Ich heiße David und bin ein Hirte.

NATHANAEL:

Ich bin Nathanael und auch ein Hirte.

MICHA:

Ich bin auch ein Hirte und heiße Micha.

DAVID:

Hirte sein ist kein besonders schöner Beruf. Wir sind nur deshalb Hirten, weil unsere Väter und Großväter auch schon Hirten waren.

NATHANAEL:

Wir ziehen mit den Schafen immer umher, damit die Tiere Futter und genügend Wasser finden. Manchmal sind wir wochenlang zum Schafhüten unterwegs. Deshalb können wir auch nicht mit unseren Familien in einem Haus im Dorf wohnen wie die anderen Leute.

MICHA:

Die anderen Leute meiden uns. Keiner aus dem Dorf will etwas mit uns zu tun haben. Keiner traut uns über den Weg. Für die Leute aus dem Dorf sind wir nur Hirtenpack und dreckiges Gesindel.

NATHANAEL:

Stimmt, wir sind gerade mal gut genug, um die Schafe der reichen Leute zu hüten und Tag und Nacht draußen bei den Tieren zu sein und auf sie aufzupassen.

DAVID:

Ja, und wenn es doch vorkommt, dass ein Wolf oder ein Räuber sich ein Lamm holt oder vielleicht auch mal ein Tier wegläuft, dann werden wir verdächtigt, es für uns selbst geschlachtet zu haben. Niemand stellt sich auf unsere Seite und hält zu uns.

MICHA:

Überall denken die Leute schlecht von uns. »Gauner« und »Rumtreiber« nennen sie uns. Sie rümpfen die Nase, wenn wir in ihre Nähe kommen, weil wir nach Schaf riechen.

NATHANAEL:

Vor allem die frommen Leute schimpfen über uns, weil wir nicht in die Synagoge zum Beten gehen.

DAVID:

Aber was wäre, wenn wir es täten? Wir würden doch glatt rausgeworfen, weil wir nicht sauber genug sind.

MICHA:

Ja, bestimmt. – Wisst ihr, woran ich gerade denken muss? Als ich neulich in der Stadt war, habe ich die Leute vom Messias reden hören.

NATHANAEL:

Von dem Erlöser, den Gott schickt?

MICHA:

Ja, vom Retter aller Menschen, der bald kommen soll. Ach, wäre das schön, wenn der Messias auch zu uns käme, wenn er auch für uns da wäre, wenn uns wenigstens ein Einziger endlich mal ein bisschen Beachtung schenken würde!

DAVID:

Ja, das würde ich mir auch wünschen.

NATHANAEL:

Davon träume ich schon so lange. Aber wenn das wirklich passieren würde, wäre es fast zu schön, um wahr zu sein, oder?

(Die Hirten nehmen ihre Position bei dem Standbild ein.)

SPRECHER/IN:

Nun haben wir schon erfahren, wie es Maria, Josef und den Hirten einige Tage vor dem allerersten Weihnachtsfest gegangen ist. Damit alle Krippenfiguren zu Wort kommen, fehlen jetzt nur noch die Sterndeuter. Wie sie von der Geburt des kleinen Jesus erfahren haben und was dann passiert ist, hören wir jetzt.

DIE STERNDEUTER

CASPAR:

Gestatten, dass wir uns vorstellen? Wir sind Sterndeuter aus Persien: Caspar, Melchior und Balthasar – so heißen wir. Wir kommen von sehr weit her und sind schon lange unterwegs. Wir haben auf unserer Reise schon mehrmals den Mond abnehmen und wieder zunehmen sehen.

MELCHIOR:

Unsere Aufgabe ist es, sorgfältig den Sternenhimmel zu beobachten. Wir beherrschen nämlich die Sternenkunde. Wir können die Gestirne und ihr Erscheinen am Himmel deuten. Und wir können aus den Sternen weissagen.

BALTHASAR:

Vor einiger Zeit haben wir einen besonderen Stern am Himmel entdeckt.

CASPAR:

Einen Stern, den wir noch nie vorher gesehen haben.

MELCHIOR:

So ein ungewöhnlicher Stern deutet auf ein ungewöhnliches Ereignis hin.

CASPAR:

So ein einzigartiger Stern zeigt an, dass ein bedeutender Mensch zur Welt kommen wird, vielleicht ein einflussreicher neuer König!

BALTHASAR:

Ein König, der besonderen Einfluss und außergewöhnliches Ansehen besitzen wird, der für alle Menschen von ungeheurer Wichtigkeit sein wird und durch den sich die Welt bedeutsam verändern wird.

MELCHIOR:

Wir haben miteinander über diese unbekannte Himmelserscheinung gesprochen und sind uns einig: Dieser Stern kann nur ein Zeichen Gottes sein.

CASPAR:

Deshalb sind wir aufgebrochen und folgen dem Stern, bis er uns zu dem neuen König geführt hat.

BALTHASAR:

Wir werden nicht eher umkehren und weiter durch die Wüste und unbekannte Gebiete ziehen, bis wir das neu geborene Königskind gefunden haben.

(Die Sterndeuter nehmen ihre Position bei dem Standbild ein.)

SPRECHER/IN:

So, hier stehen nun die Krippenfiguren an der Krippe, so wie wir sie kennen: Maria, Josef, die Hirten und die drei Sterndeuter. Sie haben uns erzählt, was sie kurz vor dem allerersten Weihnachtsfest gedacht und gefühlt haben und wie sie auf Jesus gewartet haben. Wir wollen gleich noch weiter darüber nachdenken, was das mit uns heute, ein paar Tage vor Weihnachten, zu tun hat.

(Das Standbild bleibt für die Dauer des Zwischengesangs im Altarraum stehen.)

ZWISCHENGESANG: Kündet allen in der Not (Gotteslob 106)

EVANGELIUM: Matthäus 1,18–24

KATECHESE:

Vorbereitung auf Weihnachten: Was bedeutet das wirklich?, so haben wir uns zu Beginn des Gottesdienstes gefragt. Weihnachtsvorbereitungen dürfen nicht in Äußerlichkeiten stecken bleiben, im Planen, Kaufen, Putzen und Kartenschreiben. Das wissen wir. Weihnachtsvorbereitungen müssen tiefer gehen. Und doch sieht es oft in der Praxis ganz anders aus. Wie können wir uns wirklich auf Weihnachten vorbereiten? Darüber nachzudenken lohnt sich auch noch jetzt, einige Tage vor dem Fest. Dabei können uns die Krippenfiguren helfen. Sie haben eben zu uns gesprochen. Sie können uns Vorbild und Wegweiser sein, damit wir zu Weihnachten wirklich bereit sind.

(Der Leiter der Katechese bittet die Krippenfiguren noch einmal nach vorn, um das Standbild aufzubauen, und stellt sich bei der Katechese jeweils zu den Figuren, über die er spricht.)

Hier sehen wir die Sterndeuter. Die Sterndeuter haben einen neuen Stern entdeckt. Dieser Stern kann nur heißen, dass ein bedeutsamer Mensch geboren worden ist, der die Welt verändern kann, der für jeden einzelnen Menschen heilsam werden kann. Genaues wissen sie nicht. Aber von dieser Hoffnung bewegt, machen sie sich auf den Weg. Sie gehen auf die Suche, durch Wüsten, durch unbekannte Gebiete, durch Gefahren. Getragen von Hoffnung und geführt vom Stern. Sie halten die Augen offen, sie schauen nach Zeichen, nach Wegweisern Gottes. Sie lassen sich von Gott führen.

Advent: Das bedeutet, mit den Sterndeutern den richtigen Weg für das Leben zu suchen. Weihnachtsvorbereitung: Das heißt, seine Augen zu öffnen und nach Gottes Zeichen Ausschau zu halten, offen zu werden für die Zeichen Gottes.

Hier sitzen die Hirten. Die Hirten haben es wahrlich nicht leicht. Sie werden nicht angenommen, nicht geachtet, nicht geliebt. Man will mit ihnen nichts zu tun haben. Traurig sind sie darüber, aber sie sind nicht hart gegen sich selbst, nicht völlig verbittert und hoffnungslos. Bei all den bösen Worten und der Ablehnung, die sie aushalten mussten, wohnt in ihren Herzen noch die Sehnsucht. Die Sehnsucht, angenommen und geliebt zu werden. Und sie verleugnen diese Sehnsucht nicht. Sie sprechen miteinander darüber.

Advent: Das bedeutet, sich mit den Hirten danach zu sehnen, angenommen und geliebt zu werden. Weihnachtsvorbereitung: Das heißt, sein Herz zu öffnen, offen zu werden für Gottes bedingungslose Freundschaft und Liebe.

Sehen wir uns Josef an: Josef spielt keine Hauptrolle. Er handelt eher im Hintergrund. Dabei ist er keineswegs unwichtig. Er sorgt für Maria, er hilft ihr, er beschützt sie. Denn Josef hat ganz genau auf die Worte des Engels gehört, auf Gottes Willen. Und er tut, was Gott von ihm will. Bescheiden, aber verantwortungsbewusst, mutig und engagiert setzt er sich für Gottes Willen ein.

Advent: Das bedeutet, mit Josef darauf zu hören, was Gott uns zu sagen hat. Weihnachtsvorbereitung: Das heißt, seine Ohren zu öffnen, offen zu werden für die Aufgaben, die Gott für uns bereit hält.

Und wie ist es mit Maria? Maria ist überrascht, ja erschreckt über die Worte des Engels, über Gottes Plan mit ihr. Sie sagt keineswegs naiv ihr »Ja«: Sie überlegt, sie stellt Fragen, sie denkt mit. Aber sie kann nicht verstehen, was Gott vorhat. Doch sie versteht, dass diese Entscheidung nicht im Kopf gefällt wird. Diese Entscheidung, die

Entscheidung ihres Lebens, muss im Herzen gefällt werden. Und das tut Maria. Sie vertraut Gott. Sie legt ihr Leben in Gottes Hände. Sie spürt, dass Gott es gut meint.

Advent: Das bedeutet, wie Maria sein Leben Gott anzuvertrauen. Weihnachtsvorbereitung: Das heißt, sich ganz zu öffnen, ganz offen zu werden für Gott und seine Pläne mit uns.

Für die Sterndeuter und die Hirten, für Maria und Josef kann es in Betlehem Weihnachten werden, weil sie offen sind für Gott und weil sie Jesus von ganzem Herzen erwarten.

Wenn wir uns daran ein Beispiel nehmen, kann es in ein paar Tagen auch für uns Weihnachten werden. Wenn wir mit unseren Augen nach Gottes Zeichen Ausschau halten, wenn wir unser Herz für Jesus öffnen, wenn wir mit unseren Ohren auf sein Wort hören und wenn wir »Ja« dazu sagen, unser Leben mit ihm zu gestalten, dann wird Jesus an Weihnachten auch bei uns ankommen. Und das wünsche ich uns.

CREDO:

Es kommt ein Schiff geladen (Gotteslob 114,1.–3. Strophe)

FÜRBITTEN:

Vater im Himmel, du hast uns Menschen lieb. Deshalb hast du deinen Sohn zu uns gesandt. Du möchtest, dass wir dir unsere Herzen öffnen. Darum bitten wir dich:

(Die folgenden Fürbitten werden von den Kindern vorgetragen, die beim Anspiel die jeweilige Rolle übernommen haben.)

➢ Maria vertraut Gott, auch wenn sie nicht versteht, wohin Gottes Pläne sie führen werden. Schenke allen Menschen Marias Vertrauen, damit sie ihr Leben ruhig in deine Hand geben können. – Christus, höre uns.

- Josef sorgt für Maria und Jesus und beschützt sie. Schenke allen Menschen Josefs Bescheidenheit, sich für deinen Willen einzusetzen, ohne dabei selbst im Mittelpunkt zu stehen. – Christus, höre uns.
- Die Hirten sehnen sich nach einem Erlöser, der sie achtet und lieb hat. Schenke allen Menschen die Sehnsucht der Hirten nach deiner Liebe und Zuwendung. – Christus, höre uns.
- Die Sterndeuter schauen ganz genau auf die Zeichen, die Gott ihnen schickt. Schenke allen Menschen die Aufmerksamkeit der Sterndeuter, damit sie deine Zeichen erkennen und ihnen folgen. – Christus, höre uns.
- Alle, die an der Krippe stehen, warten darauf, dass Gott ihnen das Heil bringt. Schenke allen Menschen die Hoffnung, dass du alles heil machst, besonders für die Menschen, die wir lieb gehabt haben und die gestorben sind. – Christus, höre uns.

GABENBEREITUNG:

Nimm, o Herr, die Gaben, die wir bringen (Troubadour 190)

HOCHGEBET

SANCTUS: Heilig, Herr und Gott der Scharen (Troubadour 232)

VATER UNSER

FRIEDENSGRUSS

AGNUS DEI

KOMMUNION:

Tauet Himmel den Gerechten (Gotteslob 824)

SCHLUSSGEBET UND SEGEN:

Der Herr segne uns.

Er öffne unsere Herzen
für die Sehnsucht nach seiner Liebe.

Er öffne unsere Herzen
für das Vertrauen auf sein Wort.

Er öffne unsere Herzen
für die Hoffnung auf sein Reich.

Der Herr segne uns.

Er beschenke unsere Herzen
mit seiner Liebe, mit seinem Wort und mit der Erfahrung,
dass sein Reich schon unter uns zu spüren ist.
Amen.

SCHLUSSLIED:

Macht hoch die Tür (Gotteslob 107)

Besondere Aktion im Anschluss an den Gottesdienst:

Krippensegnung

Nach dem Gottesdienst werden alle Gottesdienstteilnehmer zur Krippensegnung eingeladen.

(Praktischer Hinweis: Alle Gemeindemitglieder, die ihre Krippe von zu Hause für den Heiligen Abend segnen lassen möchten, haben die Möglichkeit, diese am Tag vor dem Gottesdienst in der Kirche/im Gemeindezentrum aufzubauen. Eine entsprechende Ankündigung wird ca. zwei Wochen vorher im Pfarrbrief und durch Aushang in der Kirche veröffentlicht – s.u., S.75.)

In einer feierlichen Prozession zieht die Gemeinde zu den ausgestellten Krippen. Die jeweiligen Eigentümer stellen sich als Krippenpaten zu ihrer Krippe.

LIED: Seht, es naht die heilige Zeit (Troubadour 483)

PRIESTER:

Ich freue mich, dass so viele Familien/Gemeindemitglieder ihre Krippen von zu Hause für den Heiligen Abend segnen lassen möchten und sie hier in der Kirche/im Gemeindezentrum aufgebaut haben. Bevor wir die Krippen segnen, wollen wir sie erst einmal genau betrachten.

(geht, sofern es zeitlich und anzahlmäßig möglich ist, an den einzelnen Krippen vorbei und betrachtet sie)

Mir fällt auf, dass die Krippen ganz verschieden aussehen.

(Er führt mit den Kindern ein kurzes Gespräch über die unterschiedlichen Krippendarstellungen. Dabei können folgende Aspekte angesprochen werden: Aussehen und Größe des Stalls, Aussehen, Haltung, Farbe und Form der Figuren – vielleicht sind einige selbst gebastelt –, Gestaltung des Umfelds, verwendete Materialien, individuelle Besonderheiten usw.)

Jetzt haben wir festgestellt, dass die Krippen sich auf den ersten Blick voneinander unterscheiden, aber das Allerwichtigste haben sie gemeinsam: Sie erzählen alle dieselbe Geschichte. Wisst ihr, welche es ist?

(KINDER: Es ist die Weihnachtsgeschichte.)

PRIESTER:

Ja, genau: Es ist die Geschichte, wie Jesus als kleines Kind im Stall von Betlehem auf die Welt gekommen ist. Die Idee, die Weihnachtsgeschichte nicht nur zu erzählen, sondern sie auch sichtbar zu machen, hatte Franz von Assisi vor über 800 Jahren in Italien. Der heilige Franziskus wollte nicht nur von der Weihnachtsgeschichte aus der Bibel erzählen und über sie predigen, sondern es war ihm ganz wichtig, dass die Menschen die Weihnachtsbotschaft auch sehen und anfassen konnten. Deshalb hat er sich bei einem Bauern aus dem Dorf einen Ochsen, einen Esel und eine Futterkrippe mit Heu und Stroh ausgeliehen. Die Tiere und die Futterkrippe hat Franziskus in eine Felsenhöhle am Dorfrand gebracht. Ein Mann und eine Frau, die kurz zuvor ein kleines Baby bekommen hatte, waren bereit, sich am Weihnachtsabend dazuzusetzen. Auch einige Hirten mit ihren Schafen hat Franziskus für seine lebendige Krippe gefunden. Dort bei der Felsenhöhle hat Franziskus in der Heiligen Nacht die allererste Weihnachtsmesse *mit* Krippe gefeiert. Weil die Menschen so begeistert davon waren, hat Franziskus die Krippe in der Felsenhöhle jedes Jahr wieder aufgebaut. Das hat sich herumgesprochen und bald gab es auch an anderen Orten immer mehr Krippen.

Eines war dem heiligen Franz bei seiner Krippengestaltung ganz besonders wichtig – und das gilt auch heute noch: Die Krippe ist nicht nur eine schöne Erinnerung an das allererste Weihnachtsfest, die nach den Feiertagen zusammen mit den Krippenfiguren wieder weggepackt wird und auf dem Speicher oder im Keller verschwindet. Die Krippe möchte in unserem Herzen Platz für die Weihnachtsbotschaft schaffen. Sie möchte uns sagen: Jesus kommt von Gott zu uns Menschen und er will uns zeigen, dass für Gott das Leben der Menschen unendlich wichtig und wertvoll ist, auch wenn sie, wie die Hirten, vielleicht nicht zu den Großen, Mächtigen und Reichen dieser Welt gehören.

Damit uns unsere Krippen auch zu Hause an diese Botschaft erinnern, bitten wir nun um Gottes Segen.

(Der Priester spricht das folgende Segensgebet und segnet jede Krippe einzeln mit Aspergill und Weihwasser.)

Der gute Gott segne diese Krippen.

Er lasse durch sie die Weihnachtsbotschaft in unseren Herzen ankommen,
damit wir den Himmel auf der Erde erahnen können.
Er schenke uns das Vertrauen Marias,
die Treue Josefs,
die Begeisterung der Hirten
und die Gewissheit der Heiligen Drei Könige,
damit wir Jesus in unserem Leben willkommen heißen und seinen Zusagen für ein wirklich menschliches Leben Glauben schenken und trauen.
Er lasse seinen Weihnachtsstern aufstrahlen,
damit wir suchen und finden,
was unser Leben gut werden und gelingen lässt.

Der gute Gott segne diese Krippen,
damit sie uns zum Zeichen für seine Nähe und Menschenfreundlichkeit werden.

Das gewähre uns der Gott,
der Vater ist und alles erschaffen hat,

der Sohn ist und zu uns Menschen kommt,
der Geist ist und unser Leben zum Blühen bringt.
Amen.

LIED:

Gottes Liebe ist so wunderbar (s. u., S. 185)

PRAXIS-FUNDGRUBE

Einladung zum Familiengottesdienst:

(Abb. 12) Gestaltungsvorlage für Handzettel und Plakate

Katholische Pfarrei St. Augustinus Keppel

Wir laden herzlich ein zum

Familiengottesdienst

am 21. Dezember
um 9.30 Uhr
in der St.-Vitus-Kirche in Hilchenbach

Unser Thema:

Damit es Weihnachten werden kann

Nach dem Familiengottesdienst besteht im Gemeindezentrum St. Vitus die Gelegenheit, die eigene Krippe für zu Hause segnen zu lassen. Wer dieses Angebot in Anspruch nehmen möchte, meldet sich bitte bis 17.12. bei NN (Tel.: 0000). Die Krippe kann von zu Hause mitgebracht und am Samstag, 20.12. ab 16.00 Uhr im Gemeindezentrum aufgebaut werden.

STIMMUNGSVOLLE GRUPPENSTUNDEN UND FAMILIENNACHMITTAGE

Weihnachtsstimmung und Weihnachts(vor)freude sind untrennbar mit der Advents- und Weihnachtszeit verbunden. Sie sind die Voraussetzung dafür, dass wir die Bedeutung von Weihnachten nicht nur verstandesmäßig erfassen, sondern gefühlsmäßig nachempfinden und uns der weihnachtlichen Botschaft öffnen können. Damit die Botschaft von Weihnachten wirklich in unseren Herzen ankommen kann, ist eine ausgeglichene Mischung und eine Verknüpfung von Sinn und Sinnlichkeit in dieser Zeit des Wartens wichtig. Die folgenden Gruppenstunden in der Vorweihnachtszeit für Familien und für Kinder stellen den Erfahrungsraum dafür zur Verfügung.

Zeit für Ruhe, Zeit für Stille

Familiennachmittag Mitte Dezember

Veranstaltungssteckbrief

Zielgruppe: Familien mit Kindern im Alter von 9–12 Jahren

Teilnehmerzahl: 30–40 Personen

Zeitrahmen: 15.00–18.00 Uhr

(Empfehlenswert für die Durchführung ist ein Samstagnachmittag.)

Personelle Voraussetzungen: 3–5 Leiter/innen

Räumliche Voraussetzungen: 1 Großgruppenraum, 1–2 Kleingruppenräume

Für das Weihnachts-Chaos-Spiel werden außerdem Räume/Flure zum Aufhängen der Nummern-Stichwort-Karten benötigt.

Sonstiges: Die Teilnehmer werden gebeten, pro Person eine Decke/Isomatte und ein Kuschelkissen mitzubringen

Gedankliche Grundlagen:

Unser Leben spielt sich im Spannungsfeld von verschiedenen Gegensatzpaaren ab. Lärm und Stille sowie Geschäftigkeit und Ruhe sind zwei davon, die gerade in der Adventszeit eine besondere Rolle spielen. Beide Pole sind wichtig und nötig, um das Leben lebendig und intensiv zu gestalten und in seiner ganzen Vielfalt auszuschöpfen. Wir fühlen uns wohl, wenn zwischen beiden Polen ein Gleichgewicht besteht, wenn die Phasen von Geschäftigkeit und Ruhe ausgewogen sind. Die Vorbereitungen in der Advents- und Weihnachtszeit stören dieses Gleichgewicht nicht selten einseitig zugunsten der Geschäftigkeit. Die Sorge um das Gelingen aller Vorbereitungen nimmt uns oft ganz in Anspruch und führt zu Stress und Hektik.

Das macht eine Besinnung auf die Bedeutung von Weihnachten als Fest der Geburt Jesu sehr schwer, und das Bewusstsein für den Sinn des Advents als stille Zeit des Wartens geht mehr und mehr verloren.

An diesem Familiennachmittag sollen die Teilnehmer die Gegensätze Geschäftigkeit und Ruhe bewusst wahrnehmen und erleben. Diese Erfahrung soll dazu anregen, auch der Ruhe und der Besinnlichkeit im vorweihnachtlichen Alltag Raum zu geben und sie als Chance zu nutzen, um Weihnachten nicht nur als schön geschmückten Rahmen, sondern sinn-erfüllt feiern zu können.

Methodische Umsetzung/Besondere Aktionen:

Im ersten Teil des Nachmittags erleben die Teilnehmer auf spielerische Weise Geschäftigkeit, Hektik und das Gefühl, ständig in Bewegung zu sein. Im zweiten Teil schließt sich eine Ruhephase an, die zu Stille und Besinnlichkeit einlädt.

Materialien:

FÜR DAS WEIHNACHTS-CHAOS-SPIEL:

- Ein Spielplan (siehe Vorlage S. 105) auf einem Spieltisch
- 30 Nummern-Stichwort-Karten (s. u., S. 79)
- Ein Würfel
- Verschiedene (weihnachtliche) Spielfiguren in der Anzahl der mitspielenden Gruppen
- Aufgabenzettel für die Gruppenleiter
- Klebeband zum Befestigen der Stichwortkarten

ZUM LÖSEN DER AUFGABEN:

- Schmierpapier, Stifte
- Zeitungspapier
- Tonkartonreste
- Ein Wohnungstürschlüssel an einer langen Schnur

FÜR DIE ERWACHSENENGRUPPE:

- CD-Player und meditative Musik

- Vorlagen zum Malen von Mandalas (mit und ohne Muster)
- Bunt- und Filzstifte, Pinsel, Wasserfarben, Wasserbecher
- Evtl. Abdeckfolie für die Tische
- Ein Tuch und eine Kerze, evtl. weihnachtliches Dekomaterial
- Für die Meditation vier Tonkartonstreifen, die wie folgt beschriftet sind: *Wünsche – Weihnachtsbotschaft – Wahrheit – Warten*

FÜR DIE KINDERGRUPPE:

- CD-Player und meditative Musik
- Quadratische oder runde Tücher (ansonsten Tonkarton), Größe: 30 x 30 cm
- Rote Tonkarton-Herzen für jedes Kind
- Naturmaterialien: schöne kleine und mittelgroße Steine, kleine Ästchen, Sand, kleine und mittelgroße Zapfen, getrocknete Hagebutten und Wildbeeren, Moos, kleine Tannenzweige, Rindenstücke usw.

FÜR DIE GROSSGRUPPENEINHEIT:

- Liedzettel: Zeit für Ruhe, Zeit für Stille (Troubadour 848)

Vorbereitung:

Für die Nummern-Stichwort-Karten werden 30 Kästchen benötigt. Die Vorderseite wird mit jeweils einer Nummer von 1–30 beschriftet. Auf die Rückseite der einzelnen Nummerkarten wird das dazu passende Stichwort geschrieben (Beispiel: die Karte Nr. 1 trägt das Stichwort »Christmette«; s. u., S.82). Für Gruppen, die das Spielmaterial öfter verwenden möchten, empfiehlt es sich, die Nummer-Stichwort-Karten zu laminieren.

Bevor die Familien eintreffen, werden die Nummern-Stichwort-Karten gemischt und ungeordnet mit Klebeband in Räumen und Fluren, die für das Spiel genutzt werden können, befestigt.

Durchführung:

15.00 UHR: Die Familien treffen ein

BEGRÜSSUNG UND EINFÜHRUNG

LEITER/IN:

Wir haben bestimmt alle schon erlebt, wie das ist, wenn wir ganz viel zu tun haben, wenn wir uns beeilen müssen und alles ganz schnell gehen muss. Und wir haben bestimmt auch alle schon einmal erlebt, wie es ist, wenn man so richtig viel Zeit hat, wenn man in Ruhe nachdenken und überlegen kann und von innen her ganz ruhig ist. Beides kann schön sein und Spaß machen. Und beides ist wichtig und gehört zu uns. Um beides soll es heute gehen: Um Geschäftigkeit und um Ruhe.

In der Adventszeit gibt es besonders für die Erwachsenen viel zu tun. Deshalb ist es manchmal richtig hektisch und stressig: Wir schmücken die Wohnung, wir kaufen Weihnachtsgeschenke ein, wir sind auf vielen Weihnachtsfeiern eingeladen, wir schreiben Karten und wir besorgen viele Dinge, damit Weihnachten ein schönes Fest werden kann. Wie es in der Adventszeit zugehen kann, wie wir von einem Ort zum anderen rennen, das können wir beim Weihnachts-Chaos-Spiel erleben, das wir jetzt miteinander spielen wollen.

15.15 UHR: Das große Weihnachts-Chaos-Spiel

Spielregeln:

- Jeweils zwei Familien bilden eine Gruppe.
- Jede Spielgruppe erhält eine Spielfigur.
- Die Gruppen würfeln nacheinander und setzen ihre Spielfigur auf das entsprechende Spielfeld des Spielplans: Wer eine 5

würfelt, kommt auf Spielfeld 5; wer eine 3 würfelt, kommt auf Spielfeld 3 usw.

- Auf ein Startzeichen hin gehen die Gruppen auf die Suche nach dem Nummern-Stichwort-Zettel mit »ihrer« Zahl: Wer auf Spielfeld 5 steht, sucht den Nummern-Stichwort-Zettel 5, merkt sich das Stichwort auf der Rückseite und kommt zurück in den Großgruppenraum.
  Wichtig: Die Stichwortzettel dürfen nicht abgerissen oder mitgenommen werden. Sie müssen unbedingt für nachfolgende Gruppen hängen bleiben.
- Die Gruppe nennt beim Spielleiter Stichwort und Zahl. Sofern diese übereinstimmen, erhält die Gruppe dazu die entsprechende Aufgabe (siehe Aufgabenzettel S. 82ff.).
  Wichtig: Die gesamte Spielgruppe muss vollzählig sein, bevor die Aufgabe gestellt wird.
- Wenn die Aufgabe gelöst wurde, darf die Gruppe weiterwürfeln und entsprechend der gewürfelten Augenzahl weiterziehen: Wer auf Spielfeld 5 steht und 3 würfelt, zieht weiter auf Spielfeld 8. Nun wird der Nummern-Stichwort-Zettel zu dieser Zahl gesucht.
  Wichtig: Es gibt Pflichtfelder, an denen keine Spielgruppe vorbeikommt. Sie sind auf dem Spielplan besonders gekennzeichnet. Beispiel: Pflichtfeld ist Nr. 10. Eine Spielgruppe, die auf Spielfeld 8 steht und eine 5 würfelt, darf nur bis zum Spielfeld 10 vorziehen.
- Es ist möglich, dass mehrere Gruppen auf der gleichen Spielfeldnummer stehen. Rausschmeißen gibt es nicht.
- Beim Weihnachts-Chaos-Spiel geht es um die Wette: Die Gruppe, die als Erste bei der Spielfeldnummer 30 angelangt ist und die dazugehörige Aufgabe gelöst hat, hat gewonnen.
- Das Spiel wird fortgesetzt, bis alle Spielgruppen fertig sind.

Aufgaben:

1	Christmette	Der Pastor findet in seinem Schrank kein passendes Messgewand für die Christmette. Entwerft ein weihnachtlich-festliches Messgewand als Vorlage für die Schneiderei!
2	Langfinger	Ein Dieb hat auf dem Weihnachtsmarkt zugeschlagen. Ihr wart Augenzeugen. Fertigt einen Steckbrief für die Polizei an mit Personenbeschreibung und Phantombild des Täters!
3	Duft	Die Weihnachtsbäckerei steht an. Alles für das Backen muss besorgt werden. Schreibt einen Einkaufszettel mit den zehn wichtigsten Zutaten fürs Plätzchenbacken!
4	Ansprache	Im Pfarrgemeinderat wird heftig über Weihnachten diskutiert. Ihr habt die Aufgabe, dort eine Rede für die Verlegung des Weihnachtsfestes in die Sommerferien zu halten.
5	Sport	Auf der Weihnachtsfeier des Turnvereins wird zünftig gefeiert. Auf dem Programm stehen zehn Kniebeugen und zehn Liegestütze für die ganze Festgesellschaft.
6	Alarm	Mäuse haben die Weihnachtsplätzchen angeknabbert. Erfindet eine gute und schonende Falle, mit der die Mäuse lebend gefangen werden können!
7	Lächeln	Weihnachtszeit – Fotozeit: Malt ein Gruppenfoto eurer Gruppenmitglieder vor dem Weihnachtsbaum!
8	Probe	Die Proben für das Krippenspiel fangen an. Schreibt eine Einladung dafür, die im Pfarrbrief veröffentlicht werden soll!
9	Naschen	Euer kleiner Bruder hat heimlich die Hälfte des Plätzchenvorrats aufgefuttert. Entwickelt eine

zuverlässige Weihnachtsplätzchendosensicherung!

10 Schleife **PFLICHTFELD**
(Alle Gruppen müssen diese Aufgabe lösen!):
Ihr besucht eine Ausstellung mit Weihnachtsneuheiten. Dort wird eine Weihnachtsgeschenke-Verpackungs-und-Weihnachtskarten-Druck-und-Auswurf-Maschine vorgestellt. Stellt diese Maschine mit eurer Gruppe dar und erklärt, wie sie funktioniert!

11 Post — Tante Lisbeth liebt selbst gemalte Weihnachtskarten. Ihr wollt ihr eine Freude machen. Deshalb malt jedes Gruppenmitglied eine Karte für Tante Lisbeth.

12 Noten — Damit unter dem Weihnachtsbaum nicht immer dieselben Lieder gesungen werden, erfindet ihr für »Alle Jahre wieder« einen neuen Text.

13 Theater — Nennt zehn Dinge, die man unbedingt für das Krippenspiel braucht!

14 Wert — Macht drei Vorschläge für Weihnachtsgeschenke, die man nicht kaufen kann!

15 Blitzblank **PFLICHTFELD**
(Alle Gruppen müssen diese Aufgabe lösen!)
Der Weihnachtshausputz muss erledigt werden. Durchquert den Raum zwei Mal ordentlich in putzender Weise!

16 Lärm — Euer Nachbar hat einen singenden Weihnachtsmann vor der Haustüre stehen, der Tag und Nacht »O Tannenbaum« schmettert. Verfasst einen höflichen Beschwerdebrief!

17 Eile — Für Onkel Eberhard muss noch in letzter Minute ein Geschenk besorgt werden. Als ihr endlich eins gefunden habt, steht ihr an der Kasse und

stellt fest, dass ihr nicht mehr genug Geld habt, um es zu bezahlen. Versucht die Kassiererin davon zu überzeugen, dass sie ein Auge zudrückt und ihr das Geschenk trotzdem mitnehmen könnt!

18 Schornstein — Der Nikolaus hat es satt, sich beim Rutschen durch den Kamin seinen schönen roten Mantel voll Ruß zu machen. Entwerft eine attraktive Schutzkleidung für den Nikolaus!

19 Dichtung — Tante Friederike hat sich zu Weihnachten eine selbst geschriebene Geschichte gewünscht. Ihre Lieblingswörter *Kerze, Schuhschrank, Senfsoße, Adventskranz, Schreikrampf, Nudelholz, Socken, Nachttopf und Schwerkraft* sollen darin vorkommen. Macht euch ans Werk!

20 Superstar — **PFLICHTFELD**
(Alle Gruppen müssen diese Aufgabe lösen!)
Für das Krippenspiel werden Schafe benötigt. Ihr veranstaltet ein Schaf-Casting, bei dem das am besten blökende Schaf für die Leithammel-Rolle im Krippenspiel ermittelt werden soll.

21 Missgeschick — Bei einer Krippenspielprobe sind die Flügel der Engel verloren gegangen. Bastelt aus Zeitungspapier einen überzeugenden Flügelersatz!

22 Menü — Ihr seid den ewigen Gänsebraten zu Weihnachten leid und möchtet Abwechslung auf der Weihnachtsspeisekarte. Entwickelt ein außergewöhnliches Menü und eine ansprechende Menükarte dazu!

23 Geheimnis — Im Weihnachtszimmer stehen schon die Geschenke unter dem Weihnachtsbaum. Damit niemand frühzeitig hereinkommt, wird das Zimmer abgeschlossen und der Schlüssel dazu gut versteckt.

(Es folgt das »Schlüsselspiel«: Ein Wohnungstürschlüssel wird an einer langen Paketschnur angebunden. Die Gruppenmitglieder müssen den Schlüssel mitsamt der Kordel nacheinander zuerst durch ihren linken Ärmel und ihr rechtes Hosenbein führen. Zum Schluss wird der Schlüssel an der Schnur wieder herausgezogen.)

24 Szene – Spielt die Szene nach, wie die Heiligen Drei Könige den Weihnachtsstern entdecken und ihre Reise nach Betlehem vorbereiten. Alle Gruppenmitglieder bekommen dabei eine Aufgabe.

25 Rezept – **PFLICHTFELD**
(Alle Gruppen müssen diese Aufgabe lösen!)
Rudolf, das Schlitten ziehende Rentier vom Christkind, ist furchtbar erkältet. Entwickelt eine rasch wirksame Mixtur von zehn unterschiedlichen Zutaten und eine Einnahmeverordnung unter Angabe von Wirkung und möglichen Nebenwirkungen!

26 Design – Eine Firma zur Herstellung von Weihnachtsgeschenkpapier hat einen Wettbewerb ausgeschrieben. Gesucht werden neue Motive, Farben und Formen für Weihnachtsgeschenkpapier. Ihr beteiligt euch daran.

27 Gesang – Beim Krippenspiel sind alle Engel plötzlich heiser. Springt für sie ein und studiert ein zu Herzen gehendes Engellied ein!

28 Tannenbaum – Jedes Jahr fällt der Tannenbaum mindestens ein Mal um, wenn euer Vater ihn aufstellt. Erfindet eine sichere, aber unauffällige Tannenbaumhaltevorrichtung!

29 Betrieb – Im Kaufhaus herrscht Hochbetrieb. In den Gängen stauen sich die Menschen. Ihr könnt nur

	noch vorankommen, wenn ihr in einer Schlange hintereinander steht, euch an den Schultern fasst und im Gänsefüßchenmarsch auf den Ausgang zugeht.
30 Jubel	Ihr habt das Weihnachts-Chaos-Spiel überstanden! Brecht in ein ohrenbetäubendes Jubelgeschrei aus!

Praktische Hinweise für die Durchführung des Spiels:

- Es empfiehlt sich, das Spiel mit mehreren Spielleitern zu spielen: Ein Spielleiter ist für den Spieltisch zuständig und betreut das Würfeln. Die anderen Spielleiter stehen für die Aufgabenstellung zur Verfügung.
- Die Spielleiter, die die Aufgaben stellen, sind gleichzeitig Schiedsrichter bei der Aufgabenerfüllung. Sie achten auf sorgfältige Ausführung der Aufgaben, ohne den Spielfluss kleinlich zu blockieren und die Spielfreude zu hemmen.
  Wichtig: Maßstab beim Lösen der Aufgaben ist nicht nur Schnelligkeit, sondern Phantasie und Ideenreichtum.
- Für die Gruppen, die das Spiel beendet haben, stehen Getränke zur Verfügung.
- Bevor die nächste Einheit beginnt, gibt es eine kurze Verschnaufpause.

LEITER/IN:

Wir haben beim Weihnachts-Chaos-Spiel erlebt, dass man ganz schön ins Schwitzen kommen kann, wenn es hektisch zugeht und wenn wir in kurzer Zeit viele Aufgaben zu erledigen haben. Wie es uns dabei im Einzelnen ergangen ist und was das mit der Adventszeit zu tun hat, wollen wir jetzt in kleineren Gruppen genauer unter die Lupe nehmen. Deshalb teilen wir uns in eine Erwachsenen- und eine Kindergruppe auf.

(Die Familien teilen sich in eine Erwachsenen- und eine Kindergruppe auf und gehen in getrennte Räume.)

16.15 UHR: Thematische Einheit in Altersgruppen

ERWACHSENENGRUPPE:

LEITER/IN:

Ich glaube, Spiel und Wirklichkeit liegen gar nicht so weit auseinander.

Wir haben gerade beim Spiel erlebt, was in unserem Alltag und besonders jetzt in der Adventszeit für die meisten von uns schon fast Selbstverständlichkeit und Normalität geworden ist: die Fülle von Aufgaben, die erledigt werden muss, die Hetze von einem Ort zum anderen, der Zeitdruck, unter dem man die Kinder antreibt oder auch von ihnen angetrieben wird. Das bringt einen manchmal ganz schön außer Atem und lässt einen ins Schwitzen kommen.

IMPULSFRAGEN FÜR DAS GESPRÄCH:

Inwiefern entsprechen diese Erfahrungen Ihrem Alltag?

Wie sieht diese Situation im Advent aus, der ja ursprünglich als stille Zeit des Wartens gedacht ist?

Wie erleben Sie unter dem Gesichtspunkt von Stress und Hektik die Vorweihnachtszeit?

(Die Teilnehmer tauschen sich über ihre Alltagserfahrungen mit Stress, Aufgabenfülle, Anforderungen und Zeitdruck aus und darüber, wie sie die Adventszeit erleben.)

LEITER/IN:

Ich denke, Stress und Hektik gehören zu unserem Alltag, auch und vielleicht besonders in der Adventszeit. Wir haben bestimmte Vorstellungen, wie wir diese Zeit verbringen und gestalten wollen. Wir jonglieren mit dem Erwartungsdruck von außen, mit den Anforderungen, die wir selbst an uns stellen, und mit unseren eigenen Bedürfnissen und Wünschen. Ich habe zu diesem Thema ein Bild mitgebracht und möchte Sie bitten, es sich zunächst in Ruhe anzusehen und sich Ihre Gedanken dazu zu machen.

(Abb. 13) Grafik von F. Behrendt

(Die Grafik wird an jeden Teilnehmer ausgeteilt. Die Teilnehmer erhalten Zeit, um sich mit dem Bild auseinander zu setzen.)

LEITER/IN:

Was fällt Ihnen zu diesem Bild ein? Inwieweit finden Sie sich in diesem Bild wieder?

(Die Teilnehmer äußern ihre Eindrücke.)

LEITER/IN: *(die Aussagen der Teilnehmer zusammenfassend)*

Mit Advent und Weihnachten ist die äußere Vorbereitung untrennbar verbunden. Sie ist wichtig, um dem Fest einen Rahmen zu geben und die weihnachtliche Festfreude zum Ausdruck zu bringen. Aber dabei geraten wir – alle Jahre wieder – oft unwillkürlich in den Menschenstrom, der, ohne nach rechts und links zu sehen, mehr oder weniger völlig in Anspruch genommen ist, alles für ein gelungenes Fest zu erledigen und zu besorgen. Über diese Geschäftigkeit verlieren wir leicht aus den Augen, worum es an Weihnachten überhaupt geht, warum wir dieses Fest feiern und wieso wir uns so viel Arbeit und Mühe machen, um es vorzubereiten. Dabei wäre es gar nicht so schwer, den Ursprung von Weihnachten zu entdecken: Man müsste nur stehen bleiben, in der Hetze innehalten, sich besinnen und sich umsehen. Damit wäre der erste Schritt getan, um den wirklichen Sinn und die Bedeutung des Festes wieder in den Blick zu bekommen. Die Voraussetzung dafür ist, dass man sich in der vorweihnachtlichen Geschäftigkeit ein bisschen Zeit für weihnachtliche Gelassenheit nimmt.

Nachdem wir vorhin schon Erfahrungen mit Geschäftigkeit und Hektik gemacht haben, möchten wir Sie nun zu Ruhe und Gelassenheit einladen.

Sie haben jetzt die Möglichkeit, sich eine Weile Zeit für Ruhe, Zeit für Stille zu gönnen. Wir möchten dafür zwei Gruppen bilden: eine, die sich kreativ beschäftigen möchte, und eine, die die Zeit meditativ verbringen möchte.

Für die Gruppe, die kreativ arbeiten möchte, liegen hier verschiedene Mandalas bereit, die mit Bunt- oder Filzstiften oder mit Wasserfarbe angemalt werden können (Kopiervorlagen s. u., S. 103f.). Mandalas sind Kreisbilder, die uns zu uns selbst, zur Mitte unseres Daseins, führen wollen. Beim Ausmalen kommt es nicht darauf an, etwas darzustellen oder besonders schön zu malen, sondern sich in das Malen zu versenken und das Bild ohne bestimmte Absicht entstehen zu lassen.

Die Gruppe, die die Zeit meditativ verbringen möchte, kann sich im Kreis um diese Kerze setzen und ihren Gedanken freien Lauf lassen.

Außerdem haben wir in den Ecken des Raumes vier Begriffe verteilt, die mit Weihnachten zu tun haben (s. o., S. 79). Wer möchte, kann diese Begriffsräume betreten, indem er sich nacheinander zu den einzelnen Wörtern stellt, sie auf sich wirken lässt und wahrnimmt, was die Wörter in ihm auslösen und welche Gedanken ihm dazu kommen.

Bevor wir uns in die Gruppen aufteilen, bleiben wir noch ein paar Minuten sitzen, atmen langsam und tief durch, bis wir spüren, dass alle Anspannung von uns abfällt. Dann entscheiden wir uns, was wir in dieser Zeit der Ruhe und Stille für uns tun möchten. Während der Ruhephase hören wir meditative Musik.

(Die Erwachsenen entscheiden sich für eines der Angebote.)

KINDERGRUPPE:

LEITER/IN:

Beim Weihnachts-Chaos-Spiel ging es vorhin sehr hektisch zu. Alle liefen durcheinander, ihr habt euch beeilt und hattet Stress, die Aufgaben möglichst schnell zu lösen. Wie war das denn für euch?

Die Kinder geben ihre Eindrücke wieder. Zu erwarten sind Äußerungen wie:

- Es war lustig.
- Es hat Spaß gemacht.
- Es war anstrengend. Wir sind vom Laufen müde geworden. Wir haben geschwitzt.
- Es war ärgerlich, wenn wir die Zettel nicht gefunden haben, weil wir nicht schnell weiterkamen.
- Wir haben uns beeilt, damit wir wieder würfeln konnten.

LEITER/IN:

Das Weihnachts-Chaos-Spiel war ja ein *Spiel* um Stress und Hektik. Das habt ihr so empfunden: ... *(fasst mit eigenen Worten die Kernaussagen der Kinder noch einmal zusammen).*

Wie ist das eigentlich im wirklichen Leben, wenn es da Stress und Hektik gibt? Wie findet ihr es, wenn ihr da viele Aufgaben zu erledigen habt?

(Die Kinder berichten über ihre Erfahrungen mit Stress und Hektik im Alltag. Dabei sind sowohl positive als auch negative Äußerungen möglich. Die Einschätzungen der Kinder werden nicht kommentiert. Jede Empfindung hat ihre Berechtigung. Es geht nicht darum, Stress und Hektik zu bewerten, sondern deren Existenz und Einfluss auf das Befinden bewusst zu machen. Dadurch wird die Grundlage geschaffen, um auf den Gegenpol »Ruhe und Stille« überleiten zu können.)

LEITER/IN:

Stellt euch mal vor, wir hätten eine alte Waage von früher mit zwei Waagschalen hier bei uns. Und stellt euch weiter vor, wir würden das, was ihr jetzt gerade über Stress und Hektik erzählt habt, in die eine Schale legen. Was müsste man dann wohl in die andere Schale legen, damit die Waage wieder im Gleichgewicht ist?

(Die Kinder machen Vorschläge und erläutern ihre Ideen. Bei Bedarf lenkt der Leiter/die Leiterin das Gespräch auf die Thematik »Ruhe und Stille«.)

LEITER/IN:

Wir haben jetzt entdeckt, dass Hektik und Ruhe zusammengehören. Wir haben festgestellt, dass es schön ist, wenn wir Aufgaben haben, wenn wir etwas tun können, aber wenn es zu viel wird, fühlen wir uns nicht mehr wohl. Dann brauchen wir Ruhe, damit unsere Gefühlswaage wieder ins Gleichgewicht kommt. Habt ihr eine Idee, was das mit der Advents- und Weihnachtszeit zu tun haben könnte?

(Die Kinder äußern ihre Ansichten.)

LEITER/IN:

Bei den ganzen Weihnachtsvorbereitungen um uns herum vergessen wir manchmal, uns selbst, unser Herz für Weihnachten bereit zu machen. Der Advent ist eigentlich als eine stille Zeit des Wartens erfunden worden, damit wir uns auf Weihnachten, auf den Geburtstag von Jesus, vorbereiten. Der Advent lädt uns ein, eine Pause zu machen bei der Hektik und den Aufgaben, die jeden Tag auf uns zukommen. Wir können Zeit für Ruhe und Stille finden, damit wir bereit werden, Jesus bei uns ankommen zu lassen. So eine Pause für Ruhe und Stille möchten wir jetzt nach der Hektik vom Weihnachts-Chaos-Spiel auch einlegen.

(Die Kinder setzen sich mit ihren mitgebrachten Kissen in einen Kreis auf den Boden: Ein grünes Tuch wird in die Mitte gelegt. Darauf wird ein leerer Stall oder eine leere Futterkrippe gestellt, was das Zentrum unseres Wartens im Advent symbolisieren soll. Um den Stall/die Futterkrippe herum wird adventliche Dekoration angeordnet: Strohsterne, Lebkuchenherzen, Äpfel, Nüsse, Apfelsinen und Mandarinen als Symbol für die äußere Vorbereitung auf Weihnachten.)

LEITER/IN:

Wir wollen jetzt ein Lied singen, das uns zu Ruhe und Stille einlädt: Zeit für Ruhe, Zeit für Stille.

LIED: Zeit für Ruhe, Zeit für Stille (Troubadour 848)

(Das Lied wird mehrmals langsam gesungen. Auf ein Zeichen wird das Lied immer leiser gesungen und schließlich nur noch ganz leise gesummt.)

LEITER/IN:

Advent heißt: Zeit für Ruhe, Zeit für Stille. Advent heißt: Warten auf Jesus.

Wir wollen zeigen, dass wir auf Jesus warten und dass unser Herz für Jesus offen ist. Jedes Kind bekommt jetzt ein Tuch und ein Herz. Wir legen das Herz in die Mitte auf das Tuch und verzieren das Herz rundherum. Alles, was wir dafür mitgebracht haben, legen wir hier in die Mitte. Wir wollen versuchen, dabei ganz ruhig und leise zu sein und nur auf uns selbst zu achten. Damit es uns besser gelingt, hören wir ein bisschen leise Musik dabei.

(Die Kinder gestalten ihr Herz für Jesus. Währenddessen läuft meditative Musik. Zum Abschluss der Kleingruppeneinheit wird noch einmal das Lied »Zeit für Ruhe, Zeit für Stille« gesungen.)

17.15 UHR: Großgruppeneinheit:
Kuschelstunde für Weihnachtssinn-Sucher

LEITER/IN:

Wir haben heute Nachmittag darüber gesprochen, dass unsere Adventszeit oft hektisch und stressig ist, weil wir viele Aufgaben erledigen müssen und es viel zu tun gibt. Manchmal wiegt die Geschäftigkeit so schwer, dass unsere Gefühlswaage aus dem Gleichgewicht gerät. Damit wir sie wieder ausgleichen können, brauchen wir Zeit für Ruhe, Zeit für Stille. Eben in den kleinen Gruppen haben wir Ruhe und Stille erlebt. Für einige war es ungewohnt und vielleicht zuerst ein bisschen schwierig, aber wir haben auch gemerkt, dass es gut tut, wenn wir zur Ruhe kommen, wenn es still um uns wird.

Damit es wirklich Weihnachten bei uns werden kann, brauchen wir aber noch etwas: Wir müssen unser Herz öffnen, damit Jesus bei uns ankommen kann. Das gelingt uns, wenn wir uns immer wieder neu daran erinnern, warum wir Weihnachten überhaupt feiern. Und dazu habe ich eine Geschichte mitgebracht.

Bevor ich sie vorlese, wollen wir uns bequem hinsetzen oder hinlegen, so, wie es für jeden am angenehmsten ist und wie man es eine Weile gut aushalten kann, ohne sich ständig zu bewegen.

(Zu dieser Einheit suchen die Teilnehmer sich einen Platz im Raum, der ihnen angenehm ist, und setzen/legen sich dort auf ihre mitgebrachten Decken/Isomatten.)

LEITER/IN:

(spricht die folgenden Anweisungen langsam, mit viel Ruhe und längeren Pausen, damit die Teilnehmer sich auf die Ruhephase einlassen können und darauf eingestimmt werden.)

Wir wollen uns ganz bewusst machen, dass wir jetzt Zeit haben.

Wir haben nichts anderes vor, als hier zu sein und uns diese Zeit für Ruhe jetzt zu gönnen.

Damit es auch wirklich eine Zeit der Ruhe wird, versuchen wir, ganz ruhig und still zu werden. Wir atmen tief ein und aus.

(Gibt den Teilnehmern Zeit, die Anweisungen auszuführen.)

Wir lassen uns ganz schwer werden, und wer möchte, schließt die Augen.

Wir schauen unsere Gedanken an. Wir halten keinen fest. Wie Wolken am Himmel lassen wir sie kommen und gehen.

Wir haben jetzt Zeit. Zeit, um in Gedanken eine Reise zu machen. Wir reisen miteinander in eine kleine Stadt. Dort gibt es eine Straße: die Stockberger Gasse. Wir gehen sie entlang. Rechts und links von der Straße stehen große Bäume. Der Bürgersteig ist mit alten Steinen gepflastert. Wir müssen aufpassen, dass wir nicht stolpern. Ein bisschen weiter vor uns sehen wir ein Geschäft. Über der Eingangstür hängt ein Schild und darauf steht »Krauses Supermarkt«.

Wir gehen in den Laden hinein. Ein netter, kleiner, älterer Herr kauft gerade dort ein. Aber er scheint sich über irgendetwas zu ärgern. Wir gehen näher, weil uns interessiert, was los ist. Wir beschließen, den netten, kleinen, älteren Herrn ein bisschen zu begleiten ...

***

Herr Hämmerling und die Weihnachtskrankheit

BRIGITTA KRÄMER

Spätestens als Herrn Hämmerling beim ersten Einkaufen nach dem Sommerurlaub Schoko-Nikoläuse im Regal von Krauses Supermarkt entgegenlächelten und Paletten voller Lebkuchen, Spekulatius und Marzipan die Gänge versperrten, war klar: in diesem Jahr würde Herr Hämmerling kein Weihnachtfest feiern. Weihnachten würde ohne ihn stattfinden. Er würde einfach so tun, als gäbe es Weihnachten nicht.

Schon lange ärgerte sich Herr Hämmerling über den Rummel, der um das Fest gemacht wurde. Noch schlimmer war allerdings, dass er es bisher noch nie geschafft hatte, sich dem Weihnachtstrubel zu entziehen. Wie die Grippewelle jedes Jahr mit hartnäckiger Regelmäßigkeit Tausende von Menschen erfasste und für tränende Augen und rote Schnupfennasen sorgte, so wirkungsvoll und verlässlich griff alle Jahre wieder auch das Weihnachtsvirus um sich. Es infizierte die Menschen meistens schon, wenn Weihnachten noch in weiter Ferne war. Die vom Weihnachtsvirus befallenen Menschen zeigten äußerlich keine Anzeichen einer Krankheit. Sie sahen ganz normal und so wie sonst aus. Aber sie benahmen sich völlig anders. Je näher das Fest rückte, umso mehr verfielen sie in eine merkwürdige und hektische Geschäftigkeit. So war es auch in diesem Jahr. Herr Hämmerling brauchte nur an seine Nachbarn im Haus Nr. 32 in der Stockberger Gasse zu denken:

Frau Fugler, zum Beispiel, redete auf einmal nur noch von Weihnachten. Sie zählte mindestens ein Dutzend verschiedene Plätzchensorten auf, die sie schon gebacken hatte. Die kleine Annika erzählte Herrn Hämmerling jeden Tag, welche neuen Wünsche ihr noch für ihren Wunschzettel eingefallen waren und wen sie mit welchem selbst gebastelten Geschenk überraschen wollte. August Grobbe begegnete Herrn Hämmerling voll beladen mit Päckchen und Tüten im Treppenhaus. Er stöhnte und jammerte, während er sich, vor Anstrengung keuchend, in den dritten Stock zu seiner Wohnung hinaufschleppte. Jedes Mal, wenn Herr Hämmerling bei Lingemanns vorbeikam, schallten dort laut und vernehmlich Weihnachtslieder durch die geschlossene Wohnungstür. Noch lauter und vernehmlicher trällerte und pfiff irgendjemand dazu. Frau Kessler putzte zum zweiten Mal in dieser Woche die Fenster im Wohnzimmer und ihr Mann trug bereits den dritten Stapel Weihnachtsglückwunschkarten zur Post.

Alle im Haus Nr. 32 in der Stockberger Gasse waren damit beschäftigt, das zu tun, was man eben vor Weihnachten so tut, wenn einen das Weihnachtsvirus erwischt hat. Alle, bis auf Herrn Hämmerling. Er hatte sich jedenfalls fest vorgenommen, sich in diesem Jahr nicht vom Weihnachtsvirus anstecken zu lassen. Und das war ihm bisher auch geglückt.

So kam es, dass in der Wohnung von Herrn Hämmerling auch am Tag vor dem Heiligabend noch immer nichts von Weihnachten zu sehen war. Kein Adventskranz, keine Kerzen, kein Weihnachtsbaum – nichts deutete darauf hin, dass am nächsten Tag Weihnachten sein würde. Abends saß Herr Hämmerling noch ein wenig vor dem Fernseher und sah sich einen Film an. Danach legte er sich schlafen.

Am Morgen des Heiligen Abends öffnete Herr Hämmerling vorsichtig die Augen. Erleichtert stellte er fest, dass er immer noch keine Weihnachtsstimmung und keine Vorfreude auf Weihnachten verspürte. Für ihn war heute nicht Heiligabend, sondern ein ganz gewöhnlicher Freitag. Er reckte und streckte sich noch ein wenig im wohlig warmen Bett. Dann stand er auf und zog sich seinen Morgenmantel über. In der Küche kochte er sich Kaffee zum Frühstück. Er holte sich die Zeitung aus dem Briefkasten und setzte sich mit seinem Kaffee und den neuesten Nachrichten aus aller Welt an den Tisch. Natürlich war die Zeitung neben den normalen Berichten voll von Weihnachtsbildern und Weihnachtsrätseln und Weihnachtsgeschichten. Da aber für Herrn Hämmerling nicht Weihnachten war, legte er die Zeitung beiseite und schlürfte genussvoll seinen Kaffee.

Er blieb noch eine Weile am Tisch sitzen und schaute zum Fenster hinaus. Draußen hatte es angefangen zu schneien. Dicke, weiße Flocken schwebten vom Himmel auf die Erde und überzogen die Dächer, die Bäume und die ganze Stockberger Gasse mit einer puderigen Schneehaube.

Herr Hämmerling sah auf die Straße hinunter. Dort war jetzt am frühen Morgen schon erstaunlich viel los: Autos fuhren Stoßstange an Stoßstange vorbei. Viele Menschen waren unterwegs und hatten es sehr eilig. Vormittags an Heiligabend hatten die Leute immer die meiste Arbeit, mit all dem, was noch für das Weihnachtsfest erledigt werden musste: einkaufen und das Festessen vorbereiten und alles weihnachtlich schön machen.

»Wie gut, dass ich mit alledem diesmal nichts zu tun habe und dass bei mir ein ganz normaler Freitag ist«, murmelte Herr Hämmerling vor sich hin.

Den ganzen Tag über machte er das, was er freitags sonst auch immer machte, wenn nicht Heiligabend war: Er wusch seine Wollsocken und brachte den Müll hinunter. Dann schrubbte er den Küchenfußboden mit viel Wasser und Schmierseife und wischte ihn anschließend wieder sorgfältig trocken. Er schälte Kartoffeln und Möhren für das Mittagessen und kochte einen Eintopf daraus. Als Nachtisch schob er sich ein Stück Schokolade in den Mund, das er im Küchenschrank gefunden hatte.

Unterdessen fiel Herrn Hämmerling ein, dass die Kleiderschranktür im Schlafzimmer schon lange repariert werden musste. Er holte seinen Werkzeugkasten und machte sich an die Arbeit. Es fing schon an zu dämmern, als er damit fertig war und den Schraubenzieher und den Handbohrer zurück in den Werkzeugkasten legte.

Plötzlich stutzte Herr Hämmerling. Er merkte mit einem Mal, dass irgendetwas seltsam anders war als sonst. Er brauchte einen Moment lang, um herauszufinden, woran es lag. Natürlich! Das war es: Es war so ruhig und still überall! Im ganzen Haus war nur noch das leise Gluckern der Heizung zu hören. Wo waren denn die Nachbarn?

War er etwa ganz allein im Haus?

»Ach so! Lingemanns sind ja in Urlaub gefahren«, fiel es Herrn Hämmerling auf einmal wieder ein. »Fuglers sind mit Annika zum Krippenspiel gegangen und wollen danach die Oma besuchen. Kesslers sind bei ihren Kindern eingeladen und Herr Grobbe feiert bei seinen Freunden.«

Deshalb war es im Haus also so ruhig!

Aber auch von draußen drangen keine Geräusche hinauf in die Wohnung wie sonst. Keine Schritte, keine Stimmen waren zu hören. Nicht einmal das leise Brummen eines vorbeifahrenden Autos. Komisch! Herr Hämmerling ging zum Fenster und schaute hinaus. Was für ein Unterschied zu heute Morgen! Nicht ein einziges Auto fuhr die Stockberger Gasse entlang und weit und breit war kein Mensch zu sehen außer – seinem eigenen Spiegelbild in der Fensterscheibe. Langsam beschlich ihn das Gefühl, dass dieser Freitag doch kein ganz gewöhnlicher war.

Herr Hämmerling hatte auf einmal keine Lust mehr, ganz allein im Haus zu bleiben. Er wollte einen Spaziergang durch die frisch verschneiten Straßen machen und sich den Winterwind um die Nase wehen lassen. Er zog noch ein Paar dicke Socken über und schlüpfte in seine warmen Winterstiefel. Aus dem Schrank holte er den braunen Mantel und seine Strickmütze und wickelte sich den gestreiften Schal um den Hals. Ein Paar Handschuhe fand er noch in der Schublade von seinem Nachttisch.

»Ich bin so dick verpackt wie ein Weihnachtspäckchen«, dachte Herr Hämmerling, als er auf die Straße trat. Er pflügte sich langsam durch den Schnee, der mittlerweile in einer dicken Schicht auf dem Bürgersteig lag.

»Die weihnachtskranken Leute haben jetzt anderes zu tun als Schnee zu schippen«, dachte der einsame Spaziergänger.

Herr Hämmerling blickte sich in der Straße um. In den hell erleuchteten Fenstern waren Weihnachtsbäume mit glitzernden Kugeln in Gold, Rot oder Silber zu sehen. Unzählige kleine Lichter ließen die Weihnachtsbäume prächtig erstrahlen. In den Wohnungen brannten kleine und große Kerzen vor den Fenstern und auf den Tischen und warfen ein warmes, gemütliches Licht auf die Straße. Herr Hämmerling hörte Kinder lachen und aufgeregt erzählen. Er sah, wie sich Menschen Päckchen überreichten, sich umarmten und fröhlich unterhielten.

Ob sie das nur taten, weil sie vom Weihnachtsvirus weihnachtskrank geworden waren?

»Sie sehen aber eigentlich ganz glücklich dabei aus!«, sagte Herr Hämmerling laut und verwundert. Er konnte es ruhig laut sagen, denn es war sowieso niemand sonst auf der Straße, der es hätte hören und sich darüber hätte wundern können, dass er mit sich selbst sprach.

Herr Hämmerling war so damit beschäftigt, über die eigenartige Weihnachtskrankheit nachzudenken, dass er gar nicht darauf achtete, wohin er ging.

Plötzlich stand eine Litfasssäule vor ihm. Herr Hämmerling war so in Gedanken, dass er beinahe mit ihr zusammengestoßen wäre. Nur ein einziges Plakat hing an der Littfasssäule. Darauf stand in großen Buchstaben geschrieben: Frohe Weihnachten!

»Kaum zu glauben! Egal wohin ich sehe und wohin ich gehe: Überall begegnet mir Weihnachten!«, sagte Herr Hämmerling kopfschüttelnd. »Am besten gehe ich wieder nach Hause zurück, bevor ich mich am Ende doch noch mit der Weihnachtskrankheit anstecke.«

Als er gerade vor dem Haus Nr. 32 in der Stockberger Gasse stand und nach seinem Schlüssel suchte, da kamen Fuglers um die Ecke.

»Herr Hämmerling, Herr Hämmerling«, rief die kleine Annika aufgeregt. »Wir waren gerade bei der Oma!« Und dann erzählte sie, fast ohne Luft zu holen, was sie dort an diesem Heiligen Abend erlebt hatte.

»Bevor wir hier draußen zuschneien, wollen wir lieber ins Haus gehen«, sagte Herr Fugler freundlich, als Annika gerade eine kleine Pause machte. »Wenn Sie möchten, lieber Herr Nachbar, kommen Sie doch noch ein bisschen mit zu uns. Wir würden uns freuen. Und Annika kann Ihnen unseren Weihnachtsbaum zeigen.«

Weil er sich gerade ein bisschen einsam vorkam und nicht sofort in seine leere Wohnung gehen wollte, nahm Herr Hämmerling die Einladung gern an.

Bei Fuglers war es warm und gemütlich. Im Wohnzimmer hatten sie einen Weihnachtsbaum aufgestellt. Seine Spitze reichte fast bis zur Decke. Er war über und über mit verschieden großen Strohsternen und roten Kugeln behangen.

Und unter dem Weihnachtsbaum war noch etwas: ein kleiner Stall. Darin lagen auf Heu und Stroh ein Ochse und ein Esel. Eine Frau und ein Mann standen dort neben einer Futterkrippe. Vor dem Stall waren Schafe und Hirten.

»Da fehlt aber überhaupt noch das Allerwichtigste«, sagte Annika und ging aus dem Zimmer.

Einen kurzen Augenblick später kam Annika langsam zurück ins Zimmer. Sie hielt etwas in ihrer Hand. Etwas Kleines und Kostbares musste es sein. Das merkte man daran, wie vorsichtig Annika es trug. Sie kniete sich vor den kleinen Stall. Dann streckte sie die Hand aus und legte das Etwas in die leere Krippe. Jetzt konnte Herr Hämmerling es erkennen. Es war das Jesuskind.

»Heute ist Jesus geboren«, erklärte Annika. »Und nur deshalb gibt es überhaupt Weihnachten und die Geschenke und das alles.« Und dann berichtete Annika vom Krippenspiel, das sie zusammen mit ihren Eltern und mit Oma angesehen hatte. Annika erzählte die ganze Geschichte von Maria und Josef: Wie sie wegen Kaiser Augustus nach Betlehem gehen mussten, dass sie dort kein Zimmer fanden und wie Jesus schließlich in einem Stall auf die Welt kam und in einer Futterkrippe liegen musste.

»Und dann kamen ganz viele Engel zu den Hirten und haben gerufen: Ehre sei Gott in der Höhe und Friede den Menschen auf Erden!«, sagte Annika zum Schluss.

Erst war es ganz still im Zimmer. Dann räusperte sich Herr Hämmerling. Und er schämte sich auch ein wenig. Es war schon eine Weile her, dass er das letzte Mal an diese alte Geschichte aus der Bibel gedacht hatte. Er hatte sie doch tatsächlich vergessen. Deshalb hatte er auch nichts mehr mit Weihnachten anfangen können. Wie gut, dass die kleine Annika ihn wieder an die Weihnachtsgeschichte erinnert hatte. Nun wusste Herr Hämmerling auf einmal wieder, warum heute eben kein ganz gewöhnlicher Freitag war, und darüber wurde ihm ganz warm und wirklich weihnachtlich zumute.

Und plötzlich war Herrn Hämmerling auch klar, was es mit der Weihnachtskrankheit auf sich hatte: Wenn die Menschen vor lauter Weihnachtsvorbereitungen nicht mehr an Jesus dachten, dann wurde, je nachdem, wie man es sah, zu viel oder zu wenig Weihnachten daraus. Und das machte die Menschen nicht froh und glücklich. Aber das lag ja nicht an Weihnachten!

Herr Hämmerling blieb noch eine Weile bei den Fuglers, und als er schließlich die Treppe zu seiner Wohnung hinaufstieg, standen Annika und Frau und Herr Fugler unten im Flur und riefen ihm »Frohe Weihnachten!« hinterher. Herr Hämmerling lächelte. »Ja«, dachte er und nickte vor sich hin. »Frohe Weihnachten!«

Und er wusste ganz genau, dass der Heiligabend im nächsten Jahr kein ganz gewöhnlicher Tag für ihn sein würde.

* * *

LEITER/IN:

Nun waren wir lange genug bei Herrn Hämmerling. Es wird Zeit, dass wir wieder nach Hause gehen. Wir verlassen das Haus in der Stockberger Gasse 32 und machen uns auf den Heimweg, bis wir wieder hier angekommen sind. Wir recken und strecken uns mal ganz kräftig, ballen die Hände zu Fäusten und öffnen sie wieder. Dann machen wir die Augen wieder auf.

18.00 UHR:

Abschlussrunde und Verabschiedung

LEITER/IN:

Nun sind wir wieder hier angekommen und unser Nachmittag geht zu Ende. Wir wünschen uns allen noch eine schöne restliche Adventszeit, in der wir uns ab und zu an Herrn Hämmerling und die Weihnachtskrankheit erinnern. Und damit wir nicht von der Weihnachtskrankheit angesteckt werden, möchten wir euch und Ihnen zum Schluss gern noch ein Lied mit nach Hause auf den Weg geben: Zeit für Ruhe, Zeit für Stille.

LIED: Zeit für Ruhe, Zeit für Stille (Troubadour 848)

Weihnachtliche Mandala-Vorlagen für die Erwachsenengruppe:
Exemplarisch bilden wir hier zwei Mandala-Vorlagen ab: eine zum Ausmalen, die andere zum Selbergestalten.

(Abb. 14) Mandala zum Ausmalen

(Abb. 15) Mandala zum Selbergestalten

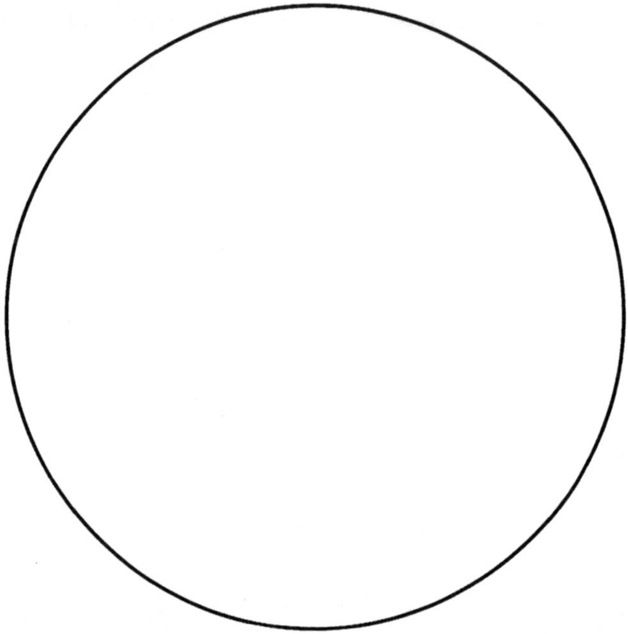

Gestaltungsinformation: Der Begriff »Mandala« stammt aus der altindischen Hochsprache Sanskrit und bedeutet »Kreis« oder »Zentrum«. Bei der freien Gestaltung des geschlossenen Kreises werden Formen und Muster zentral um einen Mittelpunkt angeordnet und anschließend farbig ausgemalt.

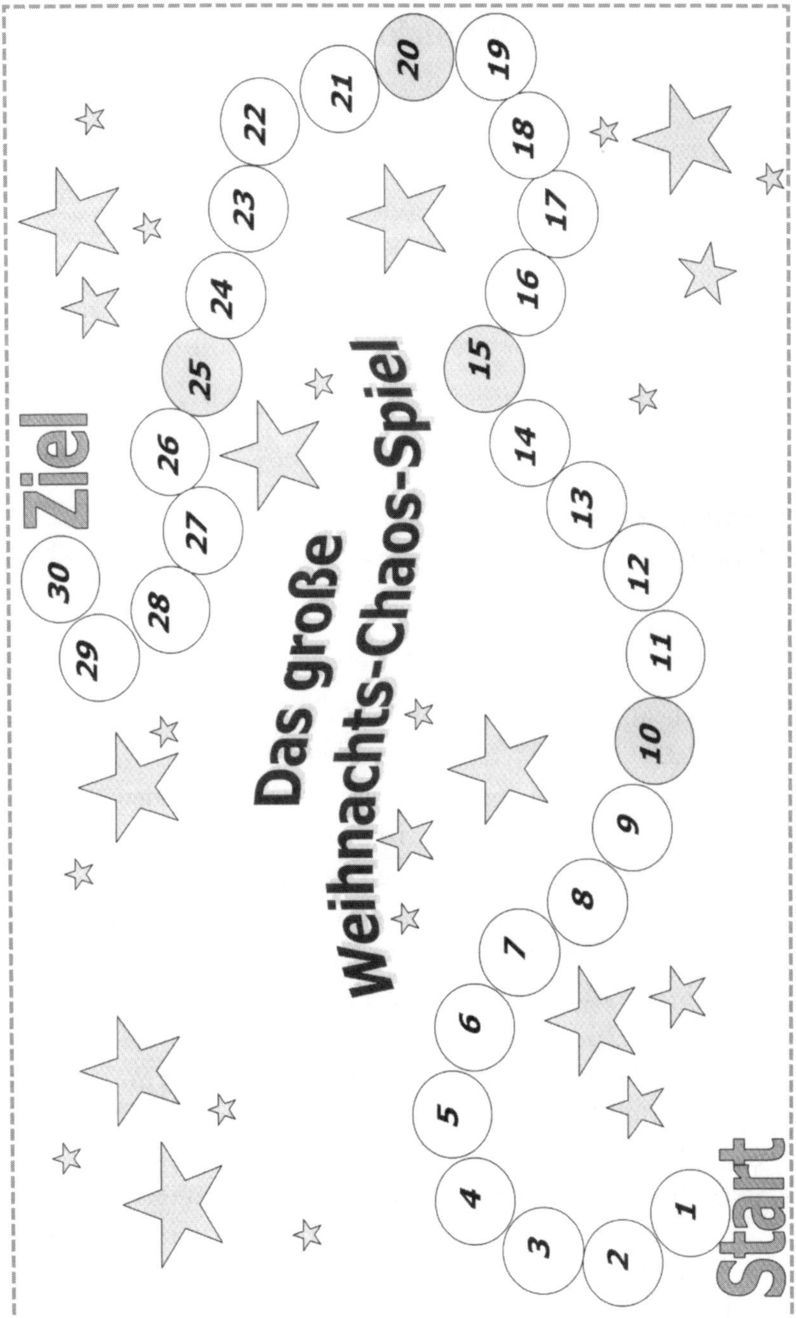

(Abb. 16) Spielplan für das Weihnachts-Chaos-Spiel

Die Weihnachtsgeschichte (neu) entdecken

Kindernachmittag im Advent

Veranstaltungssteckbrief

Zielgruppe: Kinder im Alter von 9–12 Jahren
Teilnehmerzahl: 20–25
Zeitrahmen: 2 Stunden
Personelle Voraussetzungen: 2–3 Leiter/innen
Räumliche Voraussetzungen: 1 Gruppenraum mit Tischen und Stühlen

Gedankliche Grundlagen:
Die Herdmanns, die »schlimmsten Kinder aller Zeiten«, aus suspektem Milieu und als halbe Kriminelle angesehen, nehmen unerwartet an den Krippenspielproben der örtlichen Kirchengemeinde teil, um die versprochenen Süßigkeiten als Belohnung zu erhalten. Erstaunliches passiert: Die unerzogenen, unbändigen und spontanen Kinder boykottieren keineswegs die Proben, sondern bereichern sie, denn sie haben den anderen Teilnehmern einiges voraus:

- Die Herdmanns wissen nicht das Geringste von der Weihnachtsgeschichte. Für sie ist sie brandneu und spannend. Daher hören sie genau zu.
- Die Herdmanns fragen nach allem, was sie nicht verstehen. Sie wollen genau wissen, was passiert und warum es passiert. Sie wollen die Geschichte verstehen.
- Die Herdmanns sind mittendrin in der Geschichte. Sie identifi-

zieren sich mit den Personen. Sie denken mit. Sie fühlen mit. Sie gehen mit.

- Für die Herdmanns ist die Weihnachtsgeschichte nicht passé. Sie ist hochaktuell, denn sie stellen den Bezug zu ihrem eigenen Leben her. Sie erkennen sich selbst darin wieder.

So gehen die Herdmann-Kinder an die Weihnachtsgeschichte heran, wie auch wir es eigentlich tun sollten: Sie bringen in unverstellter Offenheit sich selbst und ihr Leben ein und lassen so die schon viel zu oft gehörte Geschichte wieder lebendig werden. Auch während des Krippenspiels bringen die Herdmanns sich ganz mit ihren Gedanken, Gefühlen und Gesten ein und ändern so, eher unbewusst als bewusst, die schon »ausgeleierten« Spielszenen. Und indem sie sich der Geschichte öffnen, verstehen sie die Weihnachtsbotschaft wirklich: Gott sagt in der Menschwerdung seines Sohnes jedem einzelnen Menschen seine Nähe und Liebe zu.

Anliegen des Gruppennachmittags ist es, den Kindern einen Weg anzubieten, mit Hilfe der Herdmann-Kinder einen offenen, lebendigen und personalen Zugang zur Weihnachtsgeschichte zu finden und die Weihnachtsbotschaft auch als an sie gerichtete persönliche Zusage Gottes zu verstehen.

Methodische Umsetzung/Besondere Aktionen:
Die Geschichte der Herdmann-Kinder wird in zwei Teilen vorgelesen. Nach dem ersten Teil der Geschichte, in dem es um das Verhalten der Herdmannkinder bei den Krippenspiel-*Proben* geht, malen die Kinder ihre Vorstellungen davon, wie sich die Herdmanns bei der Krippenspiel-*Aufführung* am Heiligen Abend verhalten.

Die Kinder erhalten die Weihnachtszusage Gottes in schriftlicher Form (s.u., S.124) und können sie je nach Geschmack verzieren und mit nach Hause nehmen.

Materialien:

- Ausschnittweise Kopie der Geschichte »Hilfe, die Herdmanns kommen« von Barbara Robinson (s.u., S.109ff.)
- Malpapier, Stifte
- Zeichnungen der Herdmann-Kinder (s. Vorlagen S. 126 ff.)
- Klebeband zum Aufhängen der Zeichnungen
- Papier, auf das die Weihnachtszusage Gottes geschrieben oder kopiert wird (DIN A6)
- Weiße Tonkartonbögen (DIN A5) oder Briefkarten
- Goldfolie, Buntpapier in weihnachtlichen Farben, evtl. Weihnachtsmotivlocher
- Servietten mit kleinen weihnachtlichen Motiven
- Wasserverdünnbarer Lack, Pinsel, Scheren

Vorbereitung:

Die Bildvorlagen der Herdmann-Kinder werden auf DIN A3 kopiert. Die Weihnachtszusage Gottes wird für jedes Kind auf schönes Papier geschrieben oder kopiert (s. u., S. 124).

Ablauf:

15.00 UHR: Begrüßung und Einführung

LEITER/IN:

Wir haben uns heute hier getroffen, um gemeinsam etwas Besonderes zu machen. Und ich denke, wir werden auch etwas ganz Besonderes erfahren. Wir werden interessante Menschen kennen lernen, die uns dazu bringen werden zu lachen, zu staunen und nachzudenken und von denen wir bestimmt auch etwas lernen können. Dazu möchte ich euch heute eine Geschichte vorlesen. Diese Geschichte handelt von einer ganz verrückten Krippenspielprobe.

Manche von euch möchten vielleicht dieses Jahr auch beim Krippenspiel mitspielen. Einige von euch haben schon letztes Jahr mitgemacht und wissen, wie die Proben ablaufen. Aber so eine Probe, wie sie hier in der Geschichte erzählt wird, habt ihr bestimmt noch nicht erlebt. Hört mal genau zu:

15.10 UHR: Vorlesen der Geschichte, 1. Teil

(Der erste Teil der Geschichte erzählt, wie die Herdmanns sich bei der ersten Probe verhalten.)

* * *

Hilfe, die Herdmanns kommen (1. Teil)

BARBARA ROBINSON

Die Herdmann-Kinder waren die schlimmsten Kinder aller Zeiten. Sie logen und klauten, rauchten Zigarren (sogar die Mädchen) und erzählten schmutzige Witze ...

Ralf, Eugenia, Leopold, Klaus, Olli und Hedwig – sechs magere, dünnhaarige Kinder, die sich nur dadurch voneinander unterschieden, dass sie verschieden groß waren und an verschiedenen Stellen blaue Flecken aufwiesen, die sie sich gegenseitig beigebracht hatten.

Sie wohnten über einer Garage im Westend. Die Garage wurde nicht mehr benutzt, nur die Herdmanns benutzten sie dazu, die Tür, so schnell sie konnten, auf- und zuzudonnern, wobei sie versuchten, sich gegenseitig einzuquetschen. Das war das, was sie unter Spielen verstanden. Wo andere Leute Rasen in ihrem Vorgarten hatten, lagen bei den Herdmanns Felsbrocken, und wo andere Leute Hortensienbüsche pflanzten, züchteten die Herdmanns Tollkirschen.

Es gab auch ein Schild im Hof mit der Aufschrift: »Vorsicht, bissige Katze!«

Kinder, die neu in der Gegend waren, lachten nur so lange über das Schild, bis sie die Katze zu Gesicht bekamen. Ich habe noch nie ein Tier gesehen, das so bösartig aussah. Die Katze hatte ein kurzes Bein, einen gebrochenen Schwanz und nur ein Auge. Sie war der Grund, warum der Briefträger sich weigerte, den Herdmanns Post zu bringen ...

Anfang Dezember wurde, wie jedes Jahr, mit den Kindern der Sonntagsschule (eine Art Kindergottesdienst in den USA) das Krippenspiel für den Weihnachtsgottesdienst vorbereitet. Zum ersten Mal waren die Herdmanns dabei, weil der kleine Charlie ihnen erzählt hatte, da gäbe es Süßigkeiten umsonst. Charlies Mutter war die Leiterin, sie übte das Spiel mit den Kindern ein. Und Charlies große Schwester erzählt, was alles dabei passierte:

Zuerst wurden die Rollen verteilt. Zum Entsetzen aller meldete sich Eugenia Herdmann als Maria – und niemand wagte zu widersprechen, denn für diesen Fall hatte Eugenia heimlich, aber unmissverständlich schreckliche Strafen angedroht.

»Ich will die Maria sein«, sagte Eugenia, und dann schaute sie über ihre Schulter nach hinten. »Und Ralf möchte der Josef sein.«

»Jawoll«, sagte Ralf.

Mutter starrte sie nur an. Es war wie in einem Kriminalfilm, wo die nette, kleine, alte, grauhaarige Dame einen doppelläufigen Revolver aus dem Handtäschchen zieht, zum Bankbeamten sagt: »Rück den Zaster raus, aber dalli!«, und man dasitzt und es einfach nicht glauben kann. Mutter konnte das hier nicht glauben ...

Auch für die Weisen aus dem Morgenland meldete sich niemand außer Leopold, Klaus und Olli Herdmann.

Da stand also meine Mutter und hatte ein Krippenspiel am Hals mit lauter Herdmanns in den Hauptrollen.

Eine Herdmann und eine Hauptrolle waren noch übrig geblieben, und es bedurfte keiner besonderen Klugheit, sich auszurechnen, dass Hedwig den Verkündigungsengel spielen würde ...

Normalerweise machte die erste Probe nicht mehr und nicht weniger Spaß als eine dreistündige Fahrt im Schulbus und war mit ebenso viel Lärm und Gedränge verbunden. Diese Probe lief anders. Alle waren ruhig und setzten sich gleich hin, weil sie Angst hatten, es könnte ihnen sonst vielleicht entgehen, was die Herdmanns Schreckliches anstellen würden.

Sie kamen zehn Minuten zu spät und schlenderten in den Raum wie eine Bande Geächteter, die vorhat, einen Saloon leer zu schießen. Als Leopold an Charlie vorbeikam, drehte er ihm das Ohr um, und eine Erstklässlerin schrie auf, als Hedwig an ihr vorbeiging. Aber Mutter hatte gesagt, sie werde alles durchgehen lassen, solange kein Blut floss. Und da weder die Erstklässlerin noch Charlie bluteten, geschah nichts.

Mutter sagte: »Hier kommt Familie Herdmann. Wir freuen uns, euch alle hier zu sehen.« (Das war sicher die dickste Lüge, die je in einer Kirche laut ausgesprochen wurde.)

Eugenia lächelte – das Herdmänner-Lächeln, wie wir es nannten, dreckig und gemein – , und dann saßen sie da, fast Kriminelle in unseren Augen, und sie sollten nun das Edelste und Schönste darstellen, das es gab. Kein Wunder, dass alle aufgeregt waren. Mutter fing an, die Kinder in Hirten und Engel und Herbergsgäste einzuteilen, und schon gab es die ersten Schwierigkeiten.

»Wer waren denn die Hirten?«, wollte Leopold Herdmann wissen. »Wo kamen die her?«

Olli Herdmann wusste nicht einmal, was Hirten sind.

»Was ist eigentlich eine Herberge?«, fragte Klaus.

»So was Ähnliches wie ein Hotel«, erklärte ihm jemand. »Wo Leute übernachten können.«

»Was für Leute?«, fragte Klaus. »Jesus?«

»Nicht zu fassen!«, murmelte Alice Wendlaken …

Die Sache war eben die, dass die Herdmanns nicht das Geringste von der Weihnachtsgeschichte wussten …

Und Mutter sagte, es sei wohl das Beste, zuerst einmal die Weihnachtsgeschichte aus der Bibel vorzulesen. Das waren langweilige Aussichten, denn die meisten von uns kannten die ganze Geschichte vorwärts und rückwärts. Sonst wurde uns immer nur gesagt, wer wir waren und wo wir zu stehen hatten.

»... da machte sich auch Josef auf, dass er sich schätzen ließe, mit Maria, seinem vertrauten Weibe, die gesegneten Leibes war ...«

»Schwanger«, rief Ralf Herdmann.

Das verursachte ziemliche Unruhe. Die größeren Kinder begannen zu kichern und die kleineren wollten wissen, was denn so komisch war. Mutter musste mit einem Zeigestock auf den Boden klopfen.

»Genug, Ralf!«, sagte sie und las weiter vor ...

»Was ist das?«, fragten die Herdmanns immer wieder, wenn sie einen Ausdruck nicht verstanden. Als Mutter vorlas, dass kein Platz in der Herberge war, fiel Eugenia die Kinnlade herunter und sie sprang auf.

»Verdammt!«, sagte sie. »Nicht mal für Jesus?« ...

»Na ja, also ...«, erklärte Mutter. »Niemand wusste, dass das Baby Jesus sein würde.«

»Sie haben gesagt, Maria wusste es«, sagte Ralf. »Warum hat sie es denen nicht gesagt?«

»Ich hätt's ihnen gesagt«, rief Eugenia dazwischen. »Mann, denen hätt' ich's vielleicht gesagt! Was war denn mit Josef los, warum hat der's nicht gesagt? Dass sie schwanger war und das alles.«

»Wie hieß es, wo sie das Baby reingelegt haben?«, fragte Leopold. »Diese Krippe ... ist das so 'ne Art Bett? Warum hatten die denn ein Bett im Stall?«

»Das ist es ja gerade«, sagte Mutter. »Sie hatten eben kein Bett im Stall. Also mussten Maria und Josef das nehmen, was sie dort vorfanden. Was würdest du denn tun, wenn du ein kleines Baby hättest und kein Bett, um es hineinzulegen?«

»Wir haben Hedwig in eine Schreibtischschublade gelegt«, erklärte Eugenia.

»Siehst du«, sagte Mutter und zuckte ein bisschen zusammen. »Ihr habt kein Bett für Hedwig gehabt und habt deswegen auch etwas anderes nehmen müssen.«

»Och, wir hatten schon eins«, sagte Ralf. »Aber Olli war noch drin und wollte nicht raus. Er mochte Hedwig nicht.« Er puffte Olli in die Seite. »Erinnerst du dich, dass du Hedwig nicht leiden konntest?« ...

»Wie dem auch sei«, sagte Mutter, »Maria und Josef nahmen die Krippe. Eine Krippe ist ein hölzerner Futtertrog für Tiere.«

»Was waren denn die Bindeln?«, wollte Klaus wissen.

»Die was?«, fragte Mutter.

»Sie haben es doch vorgelesen: Sie wickelten ihn in Bindeln.«

»Windeln«, seufzte Mutter. »Früher hat man die Babies fest in große Tücher eingewickelt, so dass sie nicht herumstrampeln konnten. Die Babies fühlten sich dabei behaglich und geborgen.«

Ich meinte, dass es die Babies eher verrückt gemacht hat. Bis dahin hatte ich auch nicht gewusst, was Windeln sind. Deshalb war ich gar nicht besonders überrascht, dass Eugenia sich darüber aufregte.

»Sie meinen, sie banden es zusammen und steckten es in eine Futterkiste?«, sagte sie. »Wo blieb denn da die Jugendfürsorge?«

Die Jugendfürsorge kümmerte sich immer um die Herdmanns. Ich wette, wenn die von der Jugendfürsorge jemals Hedwig zusammengebunden in einer Schreibtischschublade gefunden hätten, so hätten sie bestimmt etwas dagegen unternommen!

»Und siehe, des Herrn Engel trat zu ihnen«, fuhr Mutter fort, »und die Klarheit des Herrn leuchtete um sie und ...«

»Batman!«, schrie Hedwig, warf die Arme auseinander und ohrfeigte dabei das Kind neben ihr.

»Wie bitte?«, fragte Mutter. Mutter las nie Comic-Hefte.

»Aus dem Dunkel der Nacht erschien Batman, der Rächer der Entrechteten ...«

»Ich weiß nicht, wovon du sprichst, Hedwig«, sagte Mutter. »Das ist der Engel des Herrn, der zu den Hirten auf dem Feld kommt.«

»Aus dem Nichts?«, fragte Hedwig. »Aus dem geheimnisvollen Dunkel der Nacht, ja?«

»Na ja.« Mutter sah etwas unglücklich aus. »Gewissermaßen.«

Hedwig setzte sich wieder hin und sah sehr zufrieden aus. So, als ob das endlich ein Teil der Weihnachtsgeschichte wäre, den sie verstand.

»Da Jesus geboren war zu Bethlehem im jüdischen Lande«, las Mutter weiter, »kamen die Weisen vom Morgenlande gen Jerusalem und sprachen ...«

»Das bist du, Leopold«, sagte Ralf. »Und Klaus und Olli. Passt gefälligst auf!«

»Was bedeutet Weisen?«, wollte Olli wissen. »Waren sie so etwas wie Lehrer?«

»Nein, du Quatschkopf«, sagte Klaus. »Das ist so was Ähnliches wie der Präsident der Vereinigten Staaten.«

Mutter sah ihn überrascht und beinahe beglückt an, so wie sie geschaut hatte, als Charlie endlich das Einmaleins mit fünf auswendig konnte. »Du bist schon ganz nahe dran, Klaus«, sagte sie. »Tatsächlich waren es Könige.«

»Jetzt aber weiter«, meuterte Eugenia. »Wahrscheinlich werden die Könige dem Wirt gründlich die Meinung sagen und das Kind aus dem Trog holen.«

»Sie fanden das Kindlein mit Maria, seiner Mutter, und fielen nieder und beteten es an und taten ihre Schätze auf und schenkten ihm Gold, Weihrauch und Myrrhe.«

»Was ist das für ein Zeug?«, wollte Leopold wissen.

»Kostbare Öle«, sagte Mutter, »und wohl riechende Harze.«

»Öl!«, schrie Eugenia. »Was für ein schäbiger König bringt denn Öl als Geschenk mit! Da kriegt man ja bei der Feuerwehr bessere Geschenke ...«

Ich konnte die Herdmanns nicht verstehen. Man hätte denken können, die Weihnachtsgeschichte käme direkt aus den Polizeiakten des FBI, so gingen sie mit. Sie wünschten dem Herodes ein blutiges Ende, sorgten sich um Maria, die ihr Baby in einen Futtertrog legen musste, und nannten die Heiligen Drei Könige eine Bande schmutziger Spione. Und als sie die erste Probe verließen, diskutierten sie darüber, ob Josef die Herberge hätte anzünden oder ob er nur den Gastwirt über die Grenze hätte jagen sollen ...

Da keiner von den Herdmanns jemals zur Kirche oder zur Sonntagsschule gegangen war und keiner die Bibel oder etwas Ähnliches gelesen hatte, hatten sie natürlich keine Ahnung, was man von ihnen erwartete. Eugenia, zum Beispiel, wusste nicht, dass die Maria immer in einer bestimmten Weise dargestellt wurde: ruhig und mild und nicht ganz von dieser Welt. In der Art, wie Eugenia sie spielte, hatte Maria eher Ähnlichkeit mit Signora Santoro von der Pizza-Stube. Signora Santoro ist eine große, dicke Frau mit einem kleinen, mageren Mann und neun Kindern. Sie schreit laut und temperamentvoll, umarmt ihre Kinder und schleppt sie mit sich herum. So ungefähr war Eugenias Maria – laut und herrisch.

»Geh vom Baby weg!«, schrie sie Ralf an, der den Josef spielte. Und sie ließ die Heiligen Drei Könige nicht zu nahe herankommen.

»Die Heiligen Drei Könige wollen dem Christkind huldigen«, erklärte Mutter zum zehnten Mal. »Sie wollen ihm nichts tun, Gott behüte!«

Aber die Könige wussten auch nicht, was sie eigentlich tun sollten, und keiner nahm es Eugenia übel, dass sie sie wegschubste. Bei diesen drei Königen hatte man das Gefühl, dass sie auf dem schnellsten Weg zu Herodes zurückkehren würden, um das Baby zu verraten, aus lauter Bosheit ...

(Fortsetzung s. u., S. 119)

***

15.25 UHR: Gespräch

(Der erste Teil der Geschichte wird besprochen.)

Die Herdmanns schaffen es, neues Interesse an der – vielleicht doch nicht so – bekannten Weihnachtsgeschichte zu wecken. Die Kinder arbeiten im Gespräch mit der Leiterin/dem Leiter die Gründe hierfür heraus:

- *Die Herdmanns hören genau zu.*
- *Sie wollen die Geschichte verstehen und fragen nach.*
- *Sie sind mit dem Herzen dabei. Sie fühlen mit.*
- *Sie bringen sich selbst, ihr Leben mit ein.*

Ist ein Aspekt klar genannt, so wird er in bildlich dargestellter Form »festgehalten«: Der Leiter hängt das entsprechende Bild (s. u., S. 126–129) *an die Wand. Dort bleiben die Bilder auch hängen, als Richtungsweiser für die folgenden Arbeitsschritte.*

LEITER/IN

Ihr habt jetzt von einer ganz besonderen Krippenspielprobe gehört. Was war denn eigentlich so Besonderes daran?

IMPULSFRAGEN FÜR DAS GESPRÄCH:

- Was sind die Herdmanns für Kinder?
- Warum will keiner mit ihnen etwas zu tun haben?
- Was erwarten die anderen Kinder, als die Herdmanns zu den Proben auftauchen?
- Wie verhalten sich die Herdmanns tatsächlich bei den Proben?
- Warum fragen sie so viel?
- Warum regt sich Eugenia so auf, als Maria und Josef keine Herberge finden?
- Wieso erzählen sie von Hedwig in der Schreibtischschublade? Was hat das denn mit der Weihnachtsgeschichte zu tun?
- Wie finden die Herdmann-Kinder die Weihnachtsgeschichte?
- Wie finden die anderen Kinder diese Krippenspielprobe?
- Warum sind die Proben auf einmal nicht mehr so langweilig?

LEITER/IN:

Wir haben gesehen, dass die Proben dieses Mal ganz anders und viel interessanter waren als in den vorigen Jahren. Das lag daran, dass die Herdmanns ganz viele interessante Fragen gestellt haben, dass sie mitgedacht haben, was passieren könnte, dass sie auch mitgefühlt haben und ganz mit dem Herzen dabei waren. Und sie haben verstanden, dass die Weihnachtsgeschichte auch etwas mit ihrem eigenen Leben zu tun hat.

Natürlich werden nicht nur die Proben, sondern auch das Krippenspiel selbst am Heiligen Abend mit den Herdmanns in den Hauptrollen etwas anders werden. Ich denke, das ist uns allen klar. Aber bevor ich euch gleich vorlese, was beim Krippenspiel passiert, sollt ihr selbst einmal darüber nachdenken: Stellt euch vor, die Herdmanns spielen am Heiligen Abend nicht nur ihre Rollen, sondern sind mit ihrem ganzen Herzen, ihren Gefühlen und Ideen, mit ihrem ganzen Leben dabei. Stellt euch vor, was passieren könnte. Und was ihr euch vorstellt, das malt ihr einfach. Hier sind Stifte und Papier!

15.40 UHR: Malphase

Die Kinder malen in ruhiger Atmosphäre ihre Bilder. Indem sie sich in die Herdmann-Kinder hineinversetzen, haben sie die Möglichkeit, das Krippenspiel ebenso lebendig zu erleben, mit vielen Fragen, mit offenen Ohren und Herzen, mit ihrer ganzen Person. Zu Beginn der Malphase gibt der Leiter/die Leiterin bei Bedarf Hilfestellung und weist darauf hin, die Gedanken der Herdmann-Kinder bei den Krippenspielproben weiterzudenken und darzustellen, welche Folgen sich daraus für die Krippenspielaufführung ergeben.

Wer nicht malen möchte, kann auch schreiben! So wie beispielsweise Anna, 11 Jahre. Sie stellt sich den Fortgang der Geschichte so vor:

Die Herdmanns
Die Herdmanns wollen beim Krippenspiel mitmachen – das Chaos pur. Doch es wird alles anders. Die Herdmanns machen bei den Proben mit voller Leidenschaft und Seele mit. Beim Gottesdienst haben alle Angst, etwas falsch zu machen, doch alles klappt und die Gemeinde ist fasziniert. Charlies Mutter fällt ein Stein vom Herzen. Die Gemeinde ist fasziniert, weil alles natürlich und nicht gespielt wirkt, weil es dieses Mal nicht langweilig war und die kleinen Kinder mal nicht eingeschlafen sind. Weil alle so etwas nicht von den Herdmanns gedacht hätten und weil jetzt auch die Kleinsten der Gemeinde mehr von Jesus wissen wollen! Die Herdmanns sind jetzt froh, weil sie akzeptiert werden, wie sie sind!!!

16.10 UHR: Austauschphase

Die Kinder betrachten gegenseitig ihre Bilder und tauschen ihre Gedanken aus.

16.20 UHR: Vorlesen der Geschichte, 2. Teil

(Die Herdmann-Geschichte wird bis zum Schluss vorgelesen. Dieser Teil erzählt, was während des Krippenspiels passiert.)

* * *

Hilfe, die Herdmanns kommen (2. Teil)
BARBARA ROBINSON

Vier Wochen dauerten die Proben. Dann kam der Heilige Abend mit dem Krippenspiel in der voll besetzten Kirche.

... Wir sangen als Engelchor zwei Verse von »Zu Bethlehem im Stalle«, und dann sollten wir das Lied noch ein bisschen weitersummen, während Maria und Josef durch die Seitentür hereinkamen. Nur, sie kamen nicht. Also summten wir und summten und summten, was sehr langweilig und schwierig ist, und nach kurzer Zeit klang es nicht mehr wie ein Lied, sondern eher wie ein alter Kühlschrank.

»Ich wusste ja, dass so was passieren würde«, flüsterte mir Alice Wendlaken zu. »Sie kommen überhaupt nicht. Wir werden weder Maria noch Josef haben. Was sollen wir denn jetzt tun?«

Ich schätze, wir hätten weitergesummt, bis wir schwarz geworden wären, aber es kam nicht so weit. Ralf und Eugenia traten auf, sie waren nur erst nicht durch die Tür gekommen, weil sie sich gegenseitig aus dem Weg schubsten. Eine Minute lang standen sie einfach da, als ob sie nicht sicher seien, dass sie am richtigen Ort waren. Das lag vielleicht an den Kerzen und den vielen Menschen in der Kirche. Sie sahen aus wie die Leute, die man manchmal in der Tagesschau sieht: Flüchtlinge, die irgendwo an einem fremden, kalten Ort wartend herumstehen, umgeben von Pappkartons und Säcken. Plötzlich wurde mir klar, dass es der echten Heiligen Familie genauso ergangen sein muss, einquartiert in einem Stall, von Leuten, denen es egal war, was mit ihnen geschah. Sie konnten gar nicht besonders gepflegt und sauber ausgesehen haben. Sicher hatten sie eher so ausgesehen wie diese Maria und dieser Josef. (Eugenias Schleier hing schief wie gewöhnlich, und Ralfs Haare standen nach allen Seiten ab.) Eugenia hatte die Babypuppe bei sich, aber sie wiegte sie nicht in den Armen, wie man es gewohnt war. Sie hatte sie über die Schulter gelegt, und bevor sie sie in die Krippe legte, klopfte sie ihr zweimal auf den Rücken.

Ich hörte Alice tief Luft holen. Sie puffte mich und flüsterte: »Ich finde es nicht sehr schön, den kleinen Jesus so zu klopfen, als ob er Bauchweh hätte.« Sie knuffte mich noch einmal. »Kannst du dir vorstellen, dass er Bauchweh hatte?«

Ich sagte: »Warum denn nicht.« Und ich konnte es mir wirklich vorstellen. Er konnte Bauchweh gehabt haben oder unruhig sein oder hungrig, genau wie jedes andere Baby auch. Das war es ja gerade: dass Jesus nicht auf einer Wolke heruntergekommen war wie eine Märchenfigur, sondern dass er richtig geboren wurde und als Mensch lebte.

Mittlerweile mussten wir singen »Kommet, ihr Hirten«. Wir sangen sehr laut, weil es mehr Hirten gab als irgendetwas anderes und sie so viel Lärm machten mit ihren Hirtenstäben, mit denen sie herumfuhrwerkten wie mit Hockeyschlägern. Als Nächstes kam Hedwig hinter dem Engelchor hervor. Sie schubste die anderen aus dem Weg oder trat ihnen auf die Füße. Da Hedwig die Einzige war, die in dem Krippenspiel etwas zu sagen hatte, nutzte sie das auch aus. »He! Euch ist ein Kind geboren!«, schrie sie, und es klang wirklich wie die beste Botschaft der Welt. Alle Hirten zitterten und fürchteten sich – vor Hedwig natürlich, aber jedenfalls wirkte es gut.

Dann kamen drei Lieder über Engel. Es dauerte sehr lange, bis die Engel auftraten, weil sie von den Erstklässlern gespielt wurden, die aufgeregt waren, weinten, vergessen hatten, wo sie hingehen sollten, mit ihren Flügeln in der Tür hängen blieben und all solche Sachen.

Danach hatten wir ein bisschen Ruhe, während die Jungen sangen: »Wir sind die Drei Könige ...« und die Zuschauer sich umdrehten, um den Auftritt der Heiligen Drei Könige durch den Mittelgang nicht zu verpassen.

»Was haben die denn da?«, flüsterte Alice.

Ich wusste es nicht. Aber was es auch war, es war jedenfalls schwer. Leopold ließ es fast fallen. Dafür hatte er das Gefäß mit Weihrauch nicht dabei, und Klaus und Olli hatten gar nichts in der Hand, obwohl sie Gold und Myrrhe mitbringen sollten.

»Ich wusste ja, dass so was passieren würde«, sagte Alice wieder. »Ich wette, es ist etwas ganz Schlimmes.«

»Was denn zum Beispiel?«

»Zum Beispiel ein Brandopfer. Du kennst doch die Herdmanns.«

Gut, sie zündeten manchmal Sachen an. Aber das hier war nichts zum Anzünden; es war ein Schinken. Ich wusste sofort, wo er herkam. Mein Vater war im Kirchenwohltätigkeitsverein, und der verschenkte zu Weihnachten Essenskörbe. Und dieser Schinken hier stammte aus dem Herdmannschen Korb, es war sogar noch das Band daran mit der Aufschrift »Frohe Weihnachten« ...

Während wir sangen »Gold und Weihrauch bringen wir«, sollten sich die Heiligen Drei Könige miteinander unterhalten und dann jeder zu einer anderen Tür hinausgehen, damit klar würde, dass jeder einen anderen Weg nach Hause nahm. Aber die Herdmanns hatten das entweder vergessen oder sie wollten nicht, jedenfalls unterhielten sie sich nicht und gingen auch nicht. Sie saßen einfach da, und niemand konnte etwas dagegen unternehmen.

»Sie verderben alles«, flüsterte Alice.

Aber sie taten es ganz und gar nicht. Es war wirklich viel sinnvoller, dass sich die Heiligen Drei Könige hinsetzten und ausruhten. Das sagte ich ihr. »Sie haben einen weiten Weg hinter sich. Man kann nicht von ihnen erwarten, dass sie ankommen, den Schinken abliefern und sofort wieder verschwinden.«

Ich fand, dass die Herdmanns nichts verdarben, sondern im Gegenteil das Krippenspiel um vieles verbessert hatten, indem sie einfach das taten, was ihnen logisch erschien. Zum Beispiel, dass sie das Baby auf den Rücken klopften und einen Schinken für ein besseres Geschenk hielten als eine ganze Menge parfümierter Öle.

Gewöhnlich hatte ich, bis wir zu »Stille Nacht, heilige Nacht« kamen (das war immer das letzte Lied), so genug von der ganzen Sache, dass ich das Ende kaum abwarten konnte. Aber diesmal war es anders. Ich wünschte fast, das Krippenspiel ginge weiter, nur um zu sehen, was die Herdmanns noch alles anders machen würden.

Vielleicht würden die Heiligen Drei Könige Maria von der Geschichte mit Herodes erzählen, und sie würde ihnen raten, dass sie zurückgehen und ihm das Blaue vom Himmel herunterlügen sollten. Oder Josef würde mit ihnen zurückgehen und ein für allemal Schluss mit Herodes machen. Oder Josef und Maria würden den Heiligen Drei Königen das Christkind mitgeben, weil sie dachten, dass niemand auf die Idee käme, es bei ihnen zu suchen.

Ich war so damit beschäftigt, mir immer neue Möglichkeiten auszudenken, wie man das Baby Jesus retten konnte, dass ich den Anfang von »Stille Nacht, heilige Nacht« verpasste. Aber es war weiter nicht schlimm, weil alle mitsangen, auch die Zuschauer. Wir sangen alle Strophen, und als wir zu der Stelle kamen: »Gottes Sohn, oh, wie lacht ...«, schaute ich zufällig zu Eugenia hinüber. Fast hätte ich mein Gesangbuch auf einen kleinen Engel fallen lassen.

Jeder hatte die ganze Zeit darauf gewartet, dass die Herdmanns etwas absolut Unerwartetes tun würden. Und nun war es geschehen: Eugenia Herdmann weinte.

Im Kerzenlicht glänzte ihr ganzes Gesicht vor Tränen, und sie machte nicht einmal den Versuch, sie wegzuwischen. Sie saß nur da – die schlimme, schreckliche Eugenia – und weinte und weinte und weinte.

Es war wirklich das beste Krippenspiel, das jemals bei uns aufgeführt wurde. Das sagte hinterher jeder, aber niemand schien zu wissen, warum es so war. Nach dem Spiel standen die Leute auf dem Vorplatz der Kirche und unterhielten sich darüber, was dieses Jahr anders gewesen sei. Jeder sagte, es sei etwas Besonderes dabei gewesen, aber keiner konnte es beschreiben ...

Was aber mich betrifft, so wird Maria immer etwas von Eugenia Herdmann haben, ein bisschen unruhig und verwirrt, aber bereit, jeden zu verprügeln, der ihrem Baby zu nahe treten will. Und die Heiligen Drei Könige werden für mich Leopold und seine Brüder sein, mit dem Schinken in der Hand.

Als wir an diesem Abend aus der Kirche kamen, war es kalt und klar. Der Schnee knirschte unter unseren Füßen, und die Sterne leuchteten hell, sehr hell. Und ich dachte an den Verkündigungsengel, an Hedwig mit ihren dünnen Beinen und ihren schmutzigen Stiefeln, die unter ihrem Kostüm hervorschauten, an Hedwig, die uns allen zurief: »He, euch ist ein Kind geboren!«

Auszüge aus: Barbara Robinson, Hilfe, die Herdmanns kommen

16.35 UHR: Gespräch und Erklärung

(Die Leiterin/der Leiter spricht mit den Kindern darüber, was beim Krippenspiel passiert ist, und erklärt ihnen die zentrale Aussage der Geschichte im Hinblick auf die Weihnachtsbotschaft.)

LEITER/IN:

Ja, das Krippenspiel mit den Herdmanns war ja anders als die Krippenspiele in den Jahren zuvor. Die Leute stehen hinterher noch auf dem Vorplatz der Kirche und sprechen darüber, dass dieses Jahr etwas Besonderes dabei gewesen ist. Was meinen sie wohl damit?

(Die Kinder äußern ihre Einschätzungen.)

LEITER/IN: *(die Aussagen der Kinder zusammenfassend)*

Ich denke, das Besondere daran war, dass dieses Krippenspiel nicht nur ein Spiel war. Die Herdmann-Kinder, und ganz besonders Eugenia, haben begriffen, dass Weihnachten mit unserem Leben zu tun hat, dass da etwas ganz Wichtiges für uns passiert ist. Eugenia hat verstanden, was Gott uns allen an Weihnachten sagen möchte: »Ich komme zu euch, ich möchte mit euch leben, denn ich habe euch lieb«. Eugenia, die sonst keiner mag, spürt, dass sie für Gott ganz wertvoll und wichtig ist. Das rührt sie so sehr, dass sie weinen muss. Eugenia versteht die Weihnachtsbotschaft wirklich, in ihrem Herzen ist Jesus angekommen.

Die anderen Leute in der Kirche haben das gespürt. Die Herdmann-Kinder haben ihnen gezeigt, dass Gott uns an Weihnachten etwas ganz Wichtiges sagen möchte. Zu jedem Einzelnen von uns sagt Gott: »Ich komme zu dir. Ich bleibe bei dir. Ich gehe mit dir.«

Diese Zusage Gottes gilt auch uns allen, jedem Einzelnen von uns. Und damit wir das nicht vergessen, haben wir das, was Gott uns an Weihnachten sagen möchte, aufgeschrieben, weil diese Aussage so wichtig und wertvoll ist. Diese Weihnachtszusage Gottes könnt ihr jetzt, so wie ihr es mögt, verzieren und gleich mit nach Hause nehmen.

16.45 UHR: Meditativ-kreative Einheit

(Abb. 17) Die Weihnachtszusage Gottes (Kopiervorlage)

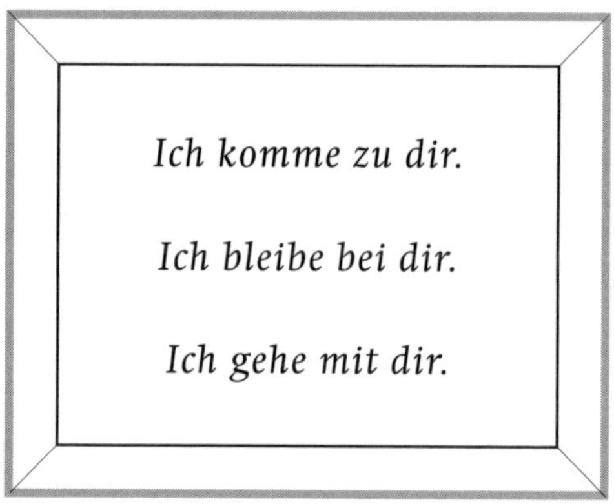

(Die auf DIN-A6-Format kopierte Weihnachtszusage wird mittig auf den Tonpapierbogen – DIN-A5-Format – geklebt. Der Rahmen, der dadurch um die Weihnachtszusage entsteht, wird von den Kindern verziert und gestaltet:

1. Technik: Aus Buntpapier und/oder Goldfolie werden kleine Schnipsel gerissen, mit denen der Rahmen der Karte umklebt wird.

2. Technik: Die Kinder schneiden aus den Servietten kleine Weihnachtsmuster aus. Das ausgeschnittene Motiv (= oberste bedruckte Lage der Serviette) wird vorsichtig von der restlichen Serviette gelöst. Mit einem Pinsel wird der Rahmen der Weihnachtszusage dünn mit Klarlack bestrichen und die Serviettenmotive werden darauf geklebt. Wenn der Rahmen fertig beklebt ist und die Serviettenmotive angetrocknet sind, wird noch einmal dünn Klarlack aufgetragen.

17.00 UHR: Verabschiedung

LEITER/IN:

Ihr habt die Weihnachtsbotschaft Gottes an euch schön verziert und könnt sie jetzt mit nach Hause nehmen. Vielleicht stellt oder legt oder hängt ihr sie so zu Hause auf, dass ihr sie immer wieder seht und an das erinnert werdet, was Gott uns an Weihnachten sagen möchte.

Zeichnungen der Herdmann-Kinder

(Abb. 18: Ralf)

Sie leben mit.

(Abb. 19: Hedwig)

Sie fragen nach.

(Abb. 20: Olli)

(Abb. 21: Eugenia)

DER HEILIGE ABEND

Die vorweihnachtliche Wartezeit ist vorüber: Der Heilige Abend ist endlich da, und wir sind eingeladen, Jesu Geburtstag zu feiern. Wie bei den Geburtstagen im Familienkreis steht auch an Weihnachten die Erzählung rund um die Ereignisse von Jesu Geburt im Vordergrund. Diese Erzählung dürfen wir genießen. Wir dürfen uns davon anrühren lassen und sie in unser Herz aufnehmen.

Aber das Weihnachtsevangelium ist mehr als eine schöne Geschichte! Es verkündet die frohe Botschaft, dass Gott sich den Menschen in Jesus zuwendet. Damit setzt Gott ein deutliches Zeichen, wie seine Beziehung zu uns zu verstehen ist: Er ist ein Gott, der mit den Menschen zu tun haben möchte, der ihr Leben teilt, der mitgeht. Diese Zusage gilt auch über die Weihnachtsfeiertage hinaus. Deshalb dürfen wir nicht an der Krippe stehen bleiben, sondern im Bewusstsein der weihnachtlichen Botschaft unseren Alltag mit Zuversicht angehen und dem Leben trauen, weil Gott es mit uns lebt.

Die Weihnachtsgeschichte für Kinder erzählt und gespielt

Ein Krippenspiel am Heiligen Abend für Familien

Inhalt:

Dieses Krippenspiel orientiert sich am Weihnachtsevangelium und erzählt kindgerecht die klassische biblische Geschichte rund um Jesu Geburt. Es spricht in erster Linie Familien mit Kindern unter zehn Jahren an und vermittelt dieser Zielgruppe altersgerecht die Glaubensbotschaft des Weihnachtsevangeliums: Gottes Sohn ist geboren, der Heiland der Welt. Jetzt kann die Welt anders werden.

Das Spiel wird in drei verschiedenen Szenen mit wechselnder Kulisse dargestellt.

Die erste Szene spielt in Nazaret, in dem Ort, in dem Maria und Josef leben. Dort erscheint eines Tages ein kaiserlicher Bote – eskortiert von einer Abordnung römischer Soldaten –, um den Aufruf von Kaiser Augustus zur Volkszählung bekannt zu geben. Viele Bewohner von Nazaret machen sich daraufhin bereit, die Reise in den jeweiligen Heimatort ihrer Herkunftsfamilien anzutreten.

Die zweite Szene des Krippenspiels wird in Betlehem fortgesetzt. Dort haben sich viele Menschen vor der römischen Präfektur eingefunden, um sich in die Steuerlisten eintragen zu lassen. Auch Maria und Josef sind unter ihnen. Nachdem Maria und Josef ihrer Pflicht nachgekommen sind, verlassen sie die Präfektur und wollen sich um eine Unterkunft für die Nacht kümmern. Die Herbergssuche gestaltet sich schwierig: In Betlehem ist kein Zimmer zu bekommen. Nach vergeblichen Anfragen bei unterschiedlichen Gasthäusern bietet ein Wirt Maria und Josef schließlich eine Übernachtungsmöglichkeit in einem Stall vor der Stadt an.

Die letzte Szene erzählt von Jesu Geburt im Stall und davon, wie die Hirten auf den Feldern vor der Stadt durch die Engel von diesem Ereignis erfahren und sich auf den Weg zur Krippe machen.

Das Krippenspiel endet schließlich damit, dass die Hirten nach dem Besuch im Stall die Weihnachtsbotschaft weiterverkünden. Dabei werden alle anwesenden Kinder im Zuschauerraum eingeladen, mit zum Stall zu kommen und das Jesuskind in der Krippe anzuschauen.

Praktische Hinweise zur Gestaltung des Krippenspiels:

- Das Krippenspiel kann je nach Zeitbudget, Material und Personal unterschiedlich in Szene gesetzt werden. Es ist ohne aufwändigen äußeren Rahmen verständlich und leicht spielbar. Als Bühnenbild reichen ein kleiner Stall, der in der ersten Szene als Josefs Zimmermannswerkstatt und in der zweiten Szene als römische Präfektur dient, sowie links und rechts davon jeweils eine Kulisse. Diese Minimalanforderung kann beliebig erweitert werden. Die Requisitenliste (s. u., S. 135f.) ist nicht als unbedingtes Muss zu verstehen, sondern als Anregung für die Ausgestaltung der Spielszenen.
- Zwischen den einzelnen Szenen des Krippenspiels werden Musikstücke eingespielt (Lieder zum Mitsingen oder Instrumentalstücke), bei denen die Kulisse für die nachfolgende Szene gewechselt werden kann.
- Der größte Teil des Krippenspiels wird von einem (erwachsenen) Erzähler/einer Erzählerin vorgelesen, während die Kinder passend dazu spielen. Es gibt nur wenige Sprechrollen, so dass die Mehrheit der Kinder keine Texte auswendig lernen muss. Das Krippenspiel ist für Kinder ab Kommunionalter als Darsteller geeignet.
- Für die Sprechteile von Maria und Josef hat sich aufgrund der besseren Verständlichkeit in einer großen und gut gefüllten Kirche an Heiligabend ein Funkmikrofon als günstig erwiesen.
- Damit das Spiel abwechslungsreich und lebendig gestaltet wer-

den kann, sind etwa 15 Kinder nötig. Maximal können etwa 20–30 Kinder beteiligt werden. Bei den verschiedenen Szenen des Krippenspiels übernehmen die Kinder, die keine Hauptpersonen darstellen, mehrere aufeinander folgende Nebenrollen (Beispiel: Die Kinder, die in der ersten Szene Bewohner aus Nazaret oder Händler waren, spielen in der zweiten Szene die Leute bei der Volkszählung in Betlehem und in der dritten Szene Engel, Hirten oder Schafe.).

- Bei dieser Rollenverteilung wird während des Krippenspiels ein Kostümwechsel nötig. Die Kinder, die mehrere Rollen spielen, werden deshalb nach dem »Zwiebel-Prinzip« eingekleidet, d. h. ein Kind, das Bewohner und Engel ist, erhält ein weißes Untergewand und streift einen bunten Umhang über. Beim Kostümwechsel wird dann lediglich der Umhang abgelegt, damit aus dem Bewohner von Nazaret ein Engel auf dem Feld vor Betlehem wird.
- Für das Einüben des Krippenspiels sind in der Regel sieben Proben von jeweils ein bis anderthalb Stunden nötig. Damit alle Beteiligten auch bis zur letzten Probe und bei der Aufführung am Heiligabend noch Spaß am Krippenspiel haben, empfiehlt es sich, den Probenplan abwechslungsreich zu gestalten, beispielsweise so:

  1. Probe: Rollenverteilung; Spielszene in Nazaret
  2. Probe: Kostümanprobe; Spielszene in Nazaret
  3. Probe: Einüben der Lieder; Spielszene in Nazaret, Spielszene in Betlehem
  4. Probe: Spielszene in Betlehem; Stallszene; Einüben der Lieder
  5. Probe: Spielszene in Betlehem, Stallszene
  6. Probe: Komplettversion in voller Kulisse und mit allen Requisiten und Kostümen (mit Kulissenwechsel!)
  7. Probe: Generalprobe der Komplettversion in voller Kulisse und mit allen Requisiten und Kostümen (mit Kulissenwechsel!) und Musikstücken (am besten einen Tag vor der Aufführung)

- Das Krippenspiel ist für die Aufführung in der Kirche entwickelt worden und bezieht den gesamten Kirchenraum ein. Die Handlung geht während der Aufführung von verschiedenen Stellen in der Kirche aus. Vorschläge für eine entsprechende Gestaltung sind in den Regieanweisungen des Krippenspiels enthalten, müssen jedoch an die räumlichen Voraussetzungen vor Ort angepasst werden. Bei der Aufführung selbst ist es wichtig darauf zu achten, dass die Gänge für die mitspielenden Kinder frei bleiben und nicht von Zuschauern »zugestellt« werden.

Personelle Ausstattung:

- Erzähler/in

WEITERE PERSONEN MIT SPRECHROLLEN:

- Maria
- Josef
- Händler auf dem Markt von Nazaret (übernehmen im Verlauf des Krippenspiels folgende weitere Rollen: Reisende unterwegs, Steuerzahler in Betlehem, Hirten, Engel oder Schafe): Gewürzhändler, Obst- und Gemüsehändler, Tuch- und Teppichhändler, Schafzüchter, Safthändler, Ölhändler, Fischhändler
- Bote des Kaisers (tritt im weiteren Verlauf des Krippenspiels als Schreiber des Präfekten in Betlehem auf)
- Wirt in Betlehem
- Verkündigungsengel bei den Hirten auf dem Feld
- Hirtenjunge

PERSONEN OHNE SPRECHROLLEN:

- Beliebig viele Bewohner von Nazaret, die im Verlauf des Krippenspiels folgende weitere Rollen übernehmen:
- Reisende unterwegs
- Leute bei der Volkszählung in Betlehem
- Hirten, Schafe oder Engel
- Händler und Mitreisende in der Fußkarawane nach Nazaret

- Vier bis sechs römische Soldaten (die im weiteren Verlauf des Krippenspiels als Wachsoldaten, römische Beamte und Geldverwalter in der Präfektur von Betlehem auftreten)
- 2 Wirte in Betlehem
- Magd in Betlehem
- Vier bis sechs Hirten
- Vier bis sechs Schafe
- Beliebig viele Engel

HELFER:

- *Ein/e* Regisseur/in, welche/r die Kinder anleitet
- Fünf bis sechs Helfer/innen, die beim Kostüm- und Kulissenwechsel helfen und auf die Kinder an den unterschiedlichen Einsatzorten in der Kirche achten

Requisiten:

Bei den Kostümen der Kinder kann man auf den Fundus an Sternsingerkleidung zurückgreifen, der in vielen Gemeinden vorhanden ist. Außerdem: Kopftücher, Gürtel aus gedrehter Wolle, Hüte, Schals.

1. SZENE: NAZARET

DAS HAUS VON MARIA UND JOSEF:

- Bretter, Hobel, Säge, Holzbock für Josefs Werkstatt
- Tonschale mit getrockneten Feigen und Datteln
- Reisigbesen
- Einkaufskorb
- Utensilien für den Hausrat: Weidenkörbe, Tonkrüge, Teppiche, Trockensträuße

HÄNDLER:

- Körbchen mit Jutesäckchen für den Gewürzhändler
- Korb mit Obst (evtl. aus Plastik oder Holz, wenn es echt aussieht!) für den Obsthändler
- Teppichstücke und Tücher für den Tuchhändler

- Schaffelle in einem Weidenkorb für den Schafzüchter
- Tonkrüge in einem großen Weidenkorb für den Safthändler
- Tongefäße oder Lederschlauch für den Ölhändler
- Tonschale mit (Plastik-)Fischen für den Fischhändler

BEWOHNER VON NAZARET:

- Verschiedene Körbe zum Einkaufen (auf dem Kopf oder am Arm zu tragen)

SOLDATEN DES KAISERS:

- Rote Umhänge, Helme (Bastelanleitung s. o., S. 29), Schwerter, Gürtel
- Schriftrolle mit Siegel

REISENDE:

- Reisebündel (= geknotete Tücher), Web- oder Ledertaschen, Gepäckstücke, Proviantbeutel, Wanderstöcke
- Außerdem: Je nach Bestand Utensilien, die eine orientalische Atmosphäre erzeugen

2. SZENE: BETLEHEM

RÖMISCHE PRÄFEKTUR:

- 1 Tisch, 2 Hocker
- Papyrusrolle und Schreibfeder

WIRTE UND MAGD:

- Schürzentücher, Wischlappen
- Laterne für den Wirt, der Maria und Josef zum Stall schickt
- Schild »Alles besetzt! Klopfen zwecklos!« für die Magd

3. SZENE: STALL VON BETLEHEM

FÜR DEN STALL:

- Strohballen und Heu
- Futterkrippe
- Weihnachtsstern (evtl. elektrisch beleuchtbar)
- Jesuskind-Puppe, Windeln

HIRTEN:

- Hirtenkappen, (Schaffell-)Westen, Hirtentaschen, Hirtenstab
- Evtl. Plüschhund
- Decken und Matten
- Evtl. elektrisch beleuchtbarer Salzstein (ansonsten orange- und gelbfarbenes Seidenpapier) und Holzscheite, die als Lagerfeuer dienen
- Schaffelle für die Kinder, die Schafe spielen
- Kordel zum Festbinden der Schaffelle

ENGEL:

- Flambeau für den Verkündigungsengel
- Goldene Haarreifen
- Evtl. Wunderkerzen

Kulisse:

Die Kulisse besteht aus einer Holzlattenkonstruktion, an der das auf Tüchern gemalte Bühnenbild befestigt wird.

MATERIAL:

- Vier Plastik-Sonnenschirmständer
- Vier Rundhölzer (2 cm Durchmesser, 2 m lang)
- Sechs Dachlatten à 2 m Länge mit Lochbohrung zum Einstecken der Rundhölzer
- Vier Holzstifte
- Acht weiße Bettlaken
- Vier beige oder braune große Tücher oder Bettlaken zum Abdecken der Sonnenschirmständer

BAUANLEITUNG:

- Jeweils zwei weiße Bettlaken werden zusammengenäht, so dass daraus vier große Leinwandflächen entstehen.
- Alle Leinwandflächen werden am oberen Rand mit Klettband versehen, ebenso vier der sechs Dachlatten.

- Zwei Leinwandflächen werden mit einer orientalischen Stadtkulisse bemalt, die anderen zwei Leinwandflächen mit einer nächtlichen Feld-Wald-Wiesenlandschaft. Zum Bemalen eignet sich mit Wasser verdünnte Voll- und Abtönfarbe aus dem Baumarkt.
- Die Kulisse wird entsprechend der Skizze (s. u., S. 155) aufgebaut. Die Mitte der Kulisse bildet ein Holzstall, der je nach Szene ebenfalls als Josefs Haus und römische Präfektur dient und mit entsprechenden Requisiten verändert wird. Jeweils rechts und links davon steht ein Leinwandteil.

Ablauf:

1. SZENE: NAZARET

(Bühnenbild, aufgebaut im Chorraum der Kirche: Stadtkulisse von Nazaret, Stadtschild: Nazaret. In der Mitte des Bühnenbildes befindet sich Josefs Werkstatt.)

(Maria, Josef und die Bewohner von Nazaret, ausgestattet mit Einkaufskörben für die Dorfmarktszene, stehen hinter der Kulisse. Die Händler befinden sich außerhalb des Bühnenbildes an der rechten und linken Seite; ihr Auftritt kann – wo möglich – von den Seitenschiffen aus starten. Die Karawane steht im rechten hinteren Teil der Kirche. Der Bote des Kaisers und die Soldaten stehen im linken hinteren Teil der Kirche.)

ERZÄHLER/IN:

Stellt euch vor, wir reisen ungefähr 2000 Jahre zurück in die Vergangenheit. Das ist die Zeit des Kaisers Augustus. Augustus ist Kaiser von Rom. Sein Reich ist das Römische Weltreich rings um das Mittelmeer, ein Reich mit vielen Ländern. Augustus ist ein mächtiger Herrscher und wird von vielen Menschen im Römischen Weltreich verehrt und wie ein Gott angebetet.

Zu genau dieser Zeit, als die ganze Römische Welt Kaiser Augustus zu Füßen liegt, beginnt in einer kleinen Ecke dieses riesigen Reiches eine ganz besondere Geschichte, eine Geschichte, die wahr ist und die für alle Menschen ganz wichtig werden wird: Die Geschichte erzählt von Gott, der in einem kleinen Kind zu uns Menschen auf die Welt kommt, um uns ganz nah zu sein und um uns zu zeigen, wie unser Leben gut werden und gelingen kann.

Wenn ihr mehr darüber erfahren wollt, dann hört und seht jetzt gut zu!

Die Geschichte fängt in dem kleinen Ort Nazaret an. Dort lebt der Zimmermann Josef mit seiner Frau Maria. Maria erwartet ihr erstes Baby und es wird nicht mehr lange dauern, bis das Kind geboren wird.

(Josef und Maria treten hinter der Kulisse hervor.)

Maria und Josef wohnen in einem kleinen Haus am Rand des Dorfes.

Maria fegt gerade den Hof und Josef arbeitet in seiner Werkstatt. Er hobelt Bretter für eine große Festtafel, die ein Kaufmann aus der Stadt bei ihm bestellt hat. Josef gibt sich viel Mühe, damit die Tischplatte schön glatt und eben wird.

Maria sieht nach den Datteln und Feigen, die sie vor einigen Tagen zum Trocknen vor dem Haus ausgelegt hat. Jetzt sind die Früchte fertig und duften ganz herrlich – so gut, dass Maria am liebsten sofort davon essen würde. Aber die Früchte sind für den Vorrat bestimmt. Maria sammelt das getrocknete Obst auf und bringt es ins Haus. Von dort will sie auch den großen Korb zum Einkaufen holen.

Heute ist nämlich ein besonderer Tag: Es ist Dorfmarkt in Nazaret.

(Die Karawane wandert vom hinteren Teil der Kirche nach vorn. Die Händler betreten nach und nach die Szene, verteilen sich vor der Stadtkulisse und breiten auf dem Boden ihre Waren aus.)

Von weit her kommen Kaufleute: Teppichhändler und Gemüsehändler, Tuchhändler und Schafzüchter. Sogar eine Karawane mit Gewürzhändlern aus Griechenland und Arabien ist heute nach Nazaret gekommen. Sie alle breiten auf dem Marktplatz ihre Waren aus und wollen zeigen, was sie anzubieten haben. Sie hoffen, dass sie heute ein gutes Geschäft machen.

(Die Bewohner von Nazaret kommen nach und nach hinter der Kulisse hervor und betreten wie Maria die Szene.)

Auch Maria und viele andere Leute aus Nazaret gehen zum Dorfmarkt. Sie kommen, um einzukaufen, um sich bei den Markthändlern umzusehen und natürlich um Neuigkeiten auszutauschen. Die Händler wollen ihre Waren verkaufen und rufen laut, was sie anzubieten haben.

(Händler preisen lautstark ihre Waren an:)

GEWÜRZHÄNDLER:

Bestes aus Griechenland und Arabien! Aromatische Gewürze und feine Kräuter, Safran, Muskat und Knoblauch.

OBST- UND GEMÜSEHÄNDLER:

Probiert unsere Datteln und Feigen! Alles ganz frisch! Beste Qualität! Bester Geschmack! Für euch heute geerntet!

TUCHHÄNDLER:

Kommt herbei!! Hier gibt es Teppiche, feinste Teppiche; handgeknüpft, viele Muster und Farben, edle Tücher und Stoffe aus dem Orient, Seide aus China und Baumwolle aus Ägypten und Indien!

SCHAFZÜCHTER:

Schaut her, ihr Leute! Ich verkaufe euch die flauschigsten Schaffelle und die weichste Schafwolle! Ihr werdet nirgendwo auf dem Markt etwas Besseres finden! Kommt her, seht selbst!

SAFTHÄNDLER:

Geht nicht vorbei, liebe Leute! Hier gibt es den besten Dattelsaft, der auf dem ganzen Markt zu bekommen ist! Hier, überzeugt euch selbst! Es gibt nichts Besseres!

ÖLHÄNDLER:

Hierher! Kommt zu mir! Ich biete euch Olivenöl! Frisch gepresst aus Judäa! Heute zum einmaligen Sonderpreis!

FISCHHÄNDLER:

Hallo, ihr Leute aus Nazaret! Bleibt stehen! Ich verkaufe euch Salzfische! Würzige Salzfische aus Magdala! Lasst euch diese Gelegenheit nicht entgehen! Greift zu! Greift zu!

ERZÄHLER/IN:

Plötzlich mischen sich unter den üblichen Marktlärm andere Geräusche.

(Die Soldaten und der Bote des Kaisers marschieren heftig auftretend vom hinteren Teil der Kirche zum Marktplatz.)

Die Leute horchen auf und sehen sich um. Was ist denn das? Es sind marschierende Soldaten. Römische Soldaten. Sie bringen eine Botschaft von Kaiser Augustus. Schon sind der Bote und die Soldaten am Marktplatz angelangt.

(Die Bewohner aus Nazaret und die Händler bilden eine Gasse, durch die der Bote und die Soldaten in die Mitte der Szene marschieren. Die Soldaten stellen sich rechts und links vom Boten auf.)

Die Leute aus Nazaret versammeln sich um sie herum. Jeder möchte wissen, was los ist.

Der Bote entrollt ein Schriftstück mit dem kaiserlichen Siegel. Dann beginnt er mit lauter Stimme zu lesen:

BOTE DES KAISERS:

Bürger von Nazaret! Hört die Botschaft Eures Kaisers:

»Ich, Augustus, Kaiser von Rom und Herrscher über die ganze Welt, befehle hiermit: Alle Leute in meinem Reich sollen sich zählen lassen. Jeder soll angeben, wie viel Geld er hat, wie viele Felder und wie viel Vieh. Alle sollen sich zählen lassen – jeder dort, wo seine Familie zu Hause ist. Dieser Erlass muss *auf jeden Fall* befolgt werden.«

ERZÄHLER/IN:

Die Leute aus Nazaret verstehen zuerst nicht, was zu tun ist. Der Bote erklärt es ihnen:

(Der Bote des Kaisers unterstützt die Worte des Erzählers/der Erzählerin durch entsprechende Mimik und Gestik.)

Kaiser Augustus hat eine Volkszählung angeordnet. Jeder muss in die Stadt gehen, in der er geboren ist. Dort muss er sich in Steuerlisten eintragen lassen. Und wenn der Kaiser befiehlt, muss man gehorchen.

(Der Bote erteilt den Soldaten durch Handzeichen den Befehl zum Abmarsch. Der Bote und die Soldaten marschieren zurück zum hinteren Teil der Kirche. Dort wechselt der Bote des Kaisers das Kostüm und wird zum Schreiber des Präfekten für die zweite Szene. Der Schreiber wird mit einer Papyrusrolle und Feder ausgestattet.)

Die Soldaten ziehen weiter zur nächsten Stadt.

Die Leute aus Nazaret stehen zuerst noch in kleinen Gruppen zusammen und sprechen miteinander über den Erlass des Kaisers, doch nach und nach wird es leer auf dem Marktplatz. Die Leute gehen in ihre Häuser, um dort mit den Vorbereitungen für die Reise zu beginnen.

(Die Bewohner – bis auf Maria und Josef – verschwinden nach und nach hinter der Kulisse und nehmen dort ihre Reisebündel auf.)

Die Händler packen ihre Waren zusammen, um weiterzuziehen, denn sie wissen, dass heute in Nazaret kein gutes Geschäft mehr zu machen ist.

(Die Händler packen ihre Waren ein und gehen zu ihren Ausgangspositionen zurück. Dort legen sie die Waren ab und nehmen die Reisebündel auf. – Maria und Josef stehen vor Josefs Werkstatt und sehen sich besorgt an.)

Maria und Josef machen sich Sorgen, denn die Stadt Betlehem, aus der Josefs Familie stammt, ist weit von Nazaret entfernt.

JOSEF:

Wie war das noch? Was hat der Bote des Kaisers gesagt? Für die Volkszählung muss jeder in die Stadt gehen, aus der seine Familie kommt? Meine Familie kommt aus Betlehem. Dann müssen *wir* also nach Betlehem gehen!

MARIA:

Was? Bis nach Betlehem sollen wir gehen? Aber Josef, das ist doch furchtbar weit! Wie lange sind wir denn da unterwegs?

JOSEF:

Tja, das sind bestimmt schon einige Tagesmärsche von hier.

MARIA:

So weit? Ob wir das schaffen werden?

JOSEF:

Was bleibt uns anderes übrig? Wir müssen schließlich tun, was der Kaiser befiehlt, sonst werden wir bestraft! Komm, Maria, lass uns ins Haus gehen und überlegen, was wir auf der Reise alles brauchen und was wir mitnehmen müssen!

(Maria und Josef gehen hinter die Kulisse und nehmen ihre Reisebündel auf.)

ERZÄHLER/IN:

Maria und Josef wissen, dass eine anstrengende Reise vor ihnen liegt. Aber auch sie müssen dem Erlass des Kaisers gehorchen. So packen sie im Haus ihre Sachen für die Reise und machen sich wie viele andere Leute auf den Weg.

(Maria und Josef gehen durch den Mittelgang der Kirche und bleiben im hinteren Teil stehen. Die Bewohner aus Nazaret und die Händler folgen ihnen als Reisende und gehen langsam durch den Mittelgang nach hinten. Links und rechts durch die Seitengänge kommen sie wieder zurück und platzieren sich auf den beiden Seiten neben der Kulisse außerhalb des Bühnenbildes. Der römische Schreiber und die römischen Wachsoldaten halten sich ebenfalls an der Seite auf.)

INSTRUMENTALSTÜCK ODER LIED MIT GEMEINDE

2. SZENE: BETLEHEM

*(Während des Musikstücks erfolgt der Kulissenwechsel für die zweite Szene. Josefs Werkstatt wird in die römische Präfektur umgewandelt: Ein Tisch und ein Stuhl werden aufgestellt, ein Plakat mit dem Schriftzug »S. P. Q. R. – **S**ENATUS **P**OPULUS**Q**UE **R**OMANUS (= Senat und Volk von Rom)« wird an der Präfektur aufgehängt, das Stadtschild Nazaret wird umgedreht. Auf dessen Rückseite steht »Betlehem«.)*

ERZÄHLER/IN:

Die Reise ist anstrengend. Die Straßen sind holprig und staubig. Viele Leute sind unterwegs.

(Die Kinder kommen von beiden Seiten der Kulisse und gehen langsam einmal hin und wieder zurück. Dabei demonstrieren sie durch Mimik und Gestik, was der/die Erzähler/in vorliest.)

Von überall her strömen die Leute herbei. Manche gehen schnell – sie haben es eilig. Andere lassen sich Zeit. Einige sind schon lange unterwegs: Ihre Schritte sind schwer, manche ruhen sich am Wegrand aus. Ein paar Leute aus entfernten Gegenden treffen zufällig Verwandte und alte Bekannte auf der Reise. Sie umarmen und begrüßen sich herzlich. Sie freuen sich, sich nach langer Zeit endlich noch einmal wiederzusehen. Sie haben sich viel zu erzählen und gehen ein Stück des Wegs gemeinsam.

Auch Maria und Josef sind schon lange unterwegs. Sie sind müde und erschöpft. Sie gehen langsam. Jeder Schritt fällt ihnen schwer.

(Maria und Josef kommen langsam durch den Mittelgang und bleiben auf halber Höhe stehen.)

MARIA:

Du, Josef, wie lange dauert es wohl noch, bis wir in Betlehem sind?

JOSEF:

Ich glaube, wir haben es bald geschafft. Wenn mich nicht alles täuscht, müsste die Stadt gleich schon da hinten auftauchen. Ja, schau, Maria, da sind schon die ersten Häuser.

MARIA:

Au ja! Gott sei Dank, dass wir da sind! Viel weiter hätte ich wirklich nicht mehr gehen können! Josef, weißt du denn, wo wir uns in Betlehem melden müssen?

(Römischer Schreiber bezieht seinen Platz in der Präfektur, die Soldaten stellen sich zu beiden Seiten auf.)

JOSEF:

Nein, aber lass uns einfach hinter den vielen Menschen hergehen. Sie sind sicher auch wegen der Volkszählung hier.

(Die Reisenden kommen von den Seiten und stellen sich in einer Schlange vor der Präfektur auf. Der römische Beamte nimmt langsam seine Arbeit auf. Maria und Josef reihen sich am Ende der Schlange ein. Die Reisenden treten nacheinander vor den Schreiber und gehen danach zur Seite ab. Die Kinder, die Wirte oder Magd darstellen, nehmen ihre Plätze hinter der Kulisse ein.)

ERZÄHLER/IN:

Maria und Josef reihen sich in die lange Menschenschlange ein, die sich vor der römischen Präfektur gebildet hat. In der Präfektur arbeiten die römischen Beamten. Viele Leute stehen dort, um sich in die Listen des Kaisers eintragen zu lassen. Ein römischer Beamter stellt an alle die gleichen Fragen:

»Wie heißt du? Woher kommst du? Was ist dein Beruf? Was besitzt du?«

Die Antworten trägt der Schreiber in lange Listen ein. Endlich sind auch Maria und Josef an der Reihe.

Nachdem Maria und Josef ihre Steuern bezahlt haben, ist es schon Abend. Für heute schließt die Präfektur ihre Pforten und der Schreiber geht in Begleitung seiner Wachsoldaten fort.

(Der Schreiber und die römischen Wachsoldaten marschieren durch den Mittelgang in den hinteren Teil der Kirche.)

Maria und Josef müssen sich nun ein Zimmer suchen, in dem sie übernachten können. Aber das ist nicht so einfach, denn wegen der Volkszählung ist in Betlehem Hochbetrieb.

Maria und Josef gehen zu einem Gasthof und klopfen an.

(Der erste Wirt tritt hinter der Kulisse hervor.)

Der Wirt kommt heraus, schüttelt den Kopf und winkt abwehrend mit der Hand. »Nein«, soll das heißen, »in meinem Gasthaus ist keine Kammer mehr frei.«

(Der Wirt geht hinter die Kulisse zurück.)

JOSEF:

Maria, ich glaube, es wird nicht so einfach werden, ein Zimmer zu finden. Es ist bestimmt schon alles besetzt.

MARIA:

Ach, Josef, irgendwo werden wir sicher eine Herberge finden. Schau, da ist noch ein Gasthaus. Lass es uns dort noch einmal versuchen!

ERZÄHLER/IN:

Maria und Josef gehen weiter zum nächsten Gasthaus und klopfen an.

Nichts rührt sich. Josef klopft noch einmal lauter.

(Eine Magd tritt hinter der Kulisse hervor.)

Da kommt eine Magd heraus. Sie sieht Maria und Josef mit einem unfreundlichen Blick an und schüttelt den Kopf. Dann hängt sie ein Schild an die Tür: »Alles besetzt! Klopfen zwecklos!«

(Die Magd geht hinter die Kulisse zurück.)

JOSEF:

Siehst du, Maria, in Betlehem scheinen wirklich alle Türen für uns verschlossen zu sein.

MARIA:

Ja, Josef, aber wo sollen wir nur die Nacht verbringen? Was sollen wir tun, wenn wir wirklich kein Zimmer bekommen?

JOSEF:

Ich weiß es nicht, Maria.

ERZÄHLER/IN:

Maria und Josef gehen weiter, denn am Ende der Straße sehen sie noch ein Gasthaus. Hier klopfen sie noch einmal an.

(Ein Wirt tritt hinter der Kulisse hervor.)

Der Wirt tritt heraus und Josef bittet um Einlass. Der Wirt hebt die Schultern.

WIRT:

Tut mir Leid, nichts zu machen. Bei uns ist alles voll bis unter das Dach.

ERZÄHLER/IN:

Als der Wirt aber sieht, wie enttäuscht, traurig und müde Maria und Josef aussehen, fällt ihm etwas ein.

WIRT:

Moment mal! Ich habe draußen vor der Stadt noch einen kleinen Stall. Für meinen Ochsen und für meinen Esel. Und für Heu und Stroh. Es ist vielleicht nicht sehr bequem, aber warm und trocken ist es da und allemal besser als auf der Straße. In dem Stall könnt ihr übernachten, wenn ihr wollt.

ERZÄHLER/IN:

Maria und Josef sind froh, dass sie endlich eine Bleibe für die Nacht gefunden haben. Sie danken dem Wirt und machen sich auf den Weg zum Stall.

(Der Wirt reicht Maria und Josef noch eine Stalllaterne für den Weg durch die Nacht. Maria und Josef bedanken sich herzlich und machen sich durch den Seitengang auf den Weg zum Stall. – Der Wirt geht hinter die Kulisse.)

INSTRUMENTALSTÜCK ODER LIED MIT GEMEINDE

3. SZENE: STALL VON BETLEHEM

(Während des Musikstücks machen sich Maria und Josef langsam auf den Weg zum Stall durch den rechten Seitengang und gehen dann durch den Mittelgang zurück auf die »Bühne« zu.)

(Die Kulisse wird umgebaut: Das Bühnenbild wird gewechselt, so dass die Feld-Wiesen-Landschaft sichtbar wird. Aus der Präfektur wird der Stall. Tisch und Stuhl werden nicht sichtbar hinter die Kulisse gestellt. Das Stadtschild wird entfernt. Die Krippe wird aufgestellt, ein Strohballen daneben gelegt, Heu und Stroh auf dem Boden verteilt. Eine in Windeln gewickelte Babypuppe wird in Tücher eingeschlagen, so dass sie für die Zuschauer nicht als Babypuppe erkennbar ist, und hinter den Strohballen gelegt. Die Tücher werden wieder entfernt. – Am rechten Rand des Bühnenbildes wird das Hirtenfeuer aufgebaut.)

(Die Kinder, die Engel spielen, wechseln ihre Kostüme hinter der Kulisse. Das Kind, das den Verkündigungsengel spielt, geht zur Orgelbühne und zieht sich dort um. Ein Helfer wartet dort mit dem Kostüm sowie Flambeau und Streichhölzern. –
Die Kinder, die Hirten oder Schafe spielen, ziehen sich im hinteren Teil der Kirche um und beziehen ihre Plätze für ihren Einsatz als Hirten an der rechten Seite der Kirche.)

ERZÄHLER/IN:

Als Maria und Josef den Stall erreichen, ist es dunkle Nacht. Der Mond steht schon am Himmel und die Sterne leuchten. Im Stall richtet Josef mit Heu und Stroh ein Nachtlager her und Maria macht es sich dort so bequem wie möglich. Es ist wirklich warm hier im Stall, ruhig und friedlich.

In dieser Nacht geschieht etwas Wunderbares: Die Zeit für die Geburt ist da und Marias Kind Jesus wird geboren.

Ein großer, heller Stern ist am Himmel zu sehen und bleibt genau über dem kleinen Stall mit Maria, Josef und dem Kind stehen.

(Das Licht wird bis auf die Beleuchtung für die Stallszene ausgeschaltet. Ein Stern wird am hinteren Teil des Stalles befestigt.)

CD-EINSPIELUNG:

Mitten in der Nacht (Rolf Zuckowski, CD »Dezemberträume«)

(Die Lied-Einspielung wird durch langsame, ausdrucksvolle Gesten von Maria und Josef und den Auftritt zweier Engel begleitet:

1. Liedstrophe (Da wurde mitten in der Nacht ...):
Maria wendet sich vom Publikum ab und nimmt die Babypuppe auf den Arm.
Sie dreht sich langsam wieder zum Publikum zurück.
Maria und Josef betrachten das Kind.

2. Strophe (Da wurde dir und mir ein neues Licht gegeben ...):
Zwei Engel mit Wunderkerzen treten hinter der Kulisse hervor und stellen sich rechts und links von der Krippe auf. Bei der Textstelle: »... und wenn es dunkel wird für uns in diesem Leben ...« drehen sich die Engel zum Publikum und schreiten langsam den rechten und linken Seitengang hinunter in den hinteren Teil der Kirche. Dort werden die Wunderkerzen gegen Flambeaus ausgetauscht.

3. Strophe (Bist du erwachsen ...):
Maria und Josef stehen auf und sehen das Kind an. Josef legt den Arm um Maria.

4. Strophe (Bist du ein Junge ...):
Maria legt Josef das Kind in den Arm und streichelt Jesus.

5. Strophe (Da wurde mitten in der Nacht ...):
Josef legt das Kind in die Futterkrippe. Beide betrachten Jesus und kümmern sich um ihn.

6. Strophe (Da wurde dir und mir ein neues Licht gegeben ...):
Maria und Josef fassen sich an den Händen und sehen sich lächelnd an. Dann betrachten sie Jesus, der in der Futterkrippe liegt. Die Engel kommen aus dem hinteren Teil der Kirche mit den Flambeaus zurück und knien an der Futterkrippe nieder. Wenn das Lied zu Ende geht, erheben sie sich und treten wieder hinter die Kulisse. Maria und Josef setzen sich auf den Strohballen im Stall.)

ALTERNATIV ZU DER CD-EINSPIELUNG:

LIED: Jesus ist geboren (Troubadour 503)

ERZÄHLER/IN:

Draußen auf den Feldern vor der Stadt sind Schafhirten. Wie jeden Abend treiben sie ihre Schafe zusammen und halten Nachtwache bei ihrer Herde. Sie setzen sich um das Lagerfeuer, wärmen sich und machen sich ihr Abendessen. Sie sind ganz schön müde vom Tag. Zwei von ihnen rollen schon ihre Matten und Decken aus, um sich schlafen zu legen.

Plötzlich ist es ganz hell am Himmel. Die Hirten erschrecken sich. Woher kommt das helle Licht mitten in der Nacht? Was kann das sein? Die Hirten springen auf und schauen wie erstarrt in die Richtung, aus der das Licht kommt.

(Das Licht inkl. Tannenbaumbeleuchtung wird wieder eingeschaltet.)
(Der Verkündigungsengel kommt langsam die Orgelbühne herunter und schreitet durch den Mittelgang bis zu den Hirten.)

LIED: Vom Himmel hoch

ERZÄHLER/IN:

Das Licht kommt näher und nimmt Gestalt an. Die Hirten erkennen einen Engel. Sie fürchten sich und wollen weglaufen. Der Engel aber spricht:

VERKÜNDIGUNGSENGEL:

Fürchtet euch nicht. Ich möchte euch etwas sagen, über das sich alle Menschen freuen werden. Heute ist in Betlehem euer Heiland geboren, der Retter der Welt. Gott hat euch und allen Menschen seinen eigenen Sohn geschenkt. Lauft! Ihr werdet das Kind in einem Stall finden.

ERZÄHLER/IN:

Und auf einmal sind bei den Hirten auf dem Feld noch andere Engel. Sie loben Gott und rufen: »Ehre sei Gott in der Höhe und Frieden soll auf der Erde bei den Menschen sein!«

(Engel stellen sich gleichmäßig verteilt um den Verkündigungsengel vor die Hirten und singen ihr Lied mit Bewegungen.)

LIED:

Hört der Engel helle Lieder (Troubadour 490),
mit Alternativtext »Heut' ist Gottes Sohn geboren«
(s. u., Liedblatt S. 165)

(Bei »Gloria« erheben die Engel langsam die Arme zum Himmel und deuten einen Kreis an.)

ERZÄHLER/IN:

Nachdem die Engel ihr Lied zu Ende gesungen haben, sind sie plötzlich verschwunden.

(Die Engel gehen hinter die Kulisse.)

ERZÄHLER/IN:

Die Nacht ist wieder still und dunkel. Die Hirten sind noch ganz benommen, sie sehen sich um, reiben sich die Augen und wissen nicht recht, ob das alles wirklich passiert ist oder ob es nur ein

Traum war. Ein Hirtenjunge geht zum Rand des Hügels. Und tatsächlich: Von hier kann er den kleinen Stall im Tal sehen, von dem der Engel gesprochen hat. Der Hirtenjunge ruft die anderen herbei und zeigt ihnen, was er entdeckt hat.

HIRTENJUNGE:

Kommt her! Schnell! Seht doch! Da ist der Stall! Schnell! Beeilt euch! Lasst uns hinlaufen!

ERZÄHLER/IN:

So schnell die Hirten können, machen sie sich auf den Weg zu dem kleinen Stall.

LIED: Kommet, ihr Hirten

(Die Hirten gehen den rechten Seitengang hinunter und den linken Seitengang wieder hinauf und bleiben etwas abseits des Stalls stehen.)

ERZÄHLER/IN:

Die Hirten nähern sich dem Stall leise und wagen zuerst nicht hineinzugehen. Als Maria die Hirten sieht, legt sie den Finger auf den Mund, damit sie das Kind nicht aufwecken, und winkt sie leise herbei. Die Hirten gehen auf Zehenspitzen zur Krippe. Da sehen sie Jesus, ganz wie der Engel gesagt hat, in Windeln gewickelt, ein winziges Kindlein, in dieser Nacht geboren.

Die Hirten werden froh. Sie sind ganz still, sie sagen nichts und staunen. Alle spüren, dass in dieser Nacht etwas ganz Besonderes, etwas Wunderbares passiert ist.

(Die Schafe stellen sich hinter den Hirten auf, die Engel treten mit gefalteten Händen hinter der Kulisse hervor und stellen sich rechts und links neben der Krippe auf.)

LIED: Stille Nacht, heilige Nacht

ERZÄHLER/IN:
Die Hirten wollen das, was sie in dem kleinen Stall erlebt haben, auch den anderen Menschen weitersagen. So laufen sie in die Stadt und erzählen überall: »Jesus ist da. Gottes Sohn ist heute geboren. Jetzt kann die Welt anders werden.«

Viele Menschen folgen den Hirten und alle Kinder hier aus der Kirche, die das Jesuskind in der Krippe von nahem ansehen möchten, können nun mit den Hirten zum Stall gehen.

(Die Hirten gehen durch die Gänge und laden alle Kinder ein, mit zur Krippe zu kommen und das Jesuskind anzuschauen.)

LIED: Ihr Kinderlein, kommet

Dieses Krippenspiel kann am Heiligen Abend in eine gottesdienstliche Feier eingebettet sein. Zur Gestaltung dient der Vorschlag im folgenden Kapitel »Jesus wird geboren« (s. u., S. 160f.).

Anleitung zum Kulissenaufbau:

(Abb. 22 a) 1. Schritt:
Die bemalten Laken werden mit Heftzwecken oder Klettband an einer Seitenfläche der Latte befestigt.

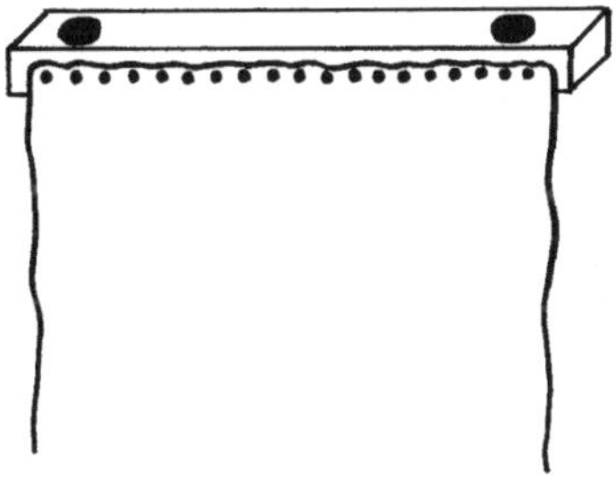

(Abb. 22 b) 2. Schritt:
Die Rundhölzer werden mit dem Ende, an dem die Holzstifte angebracht sind, in die Löcher der Latte gesteckt.

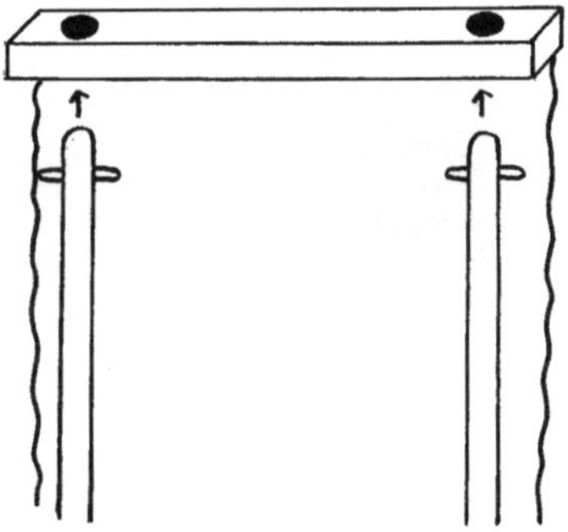

(Abb. 22 c) 3. Schritt:
Die unteren Enden der Rundhölzer werden in die bereitgestellten Sonnenschirmständer gesteckt.

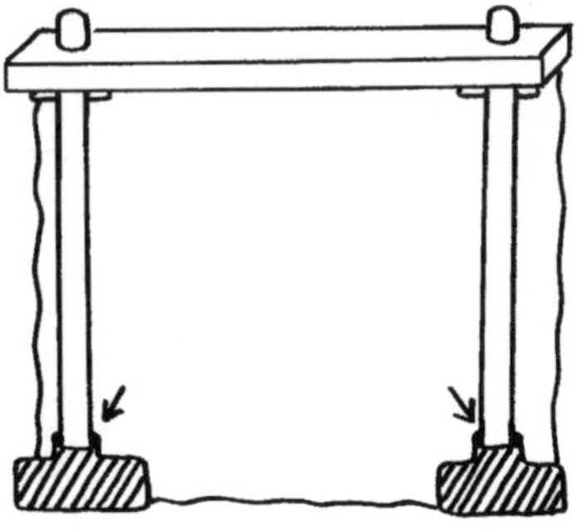

Malvorlagen für das Bühnenbild:

(Abb. 23 a) Stadt-Kulisse für die Spielszenen in Betlehem und Nazaret

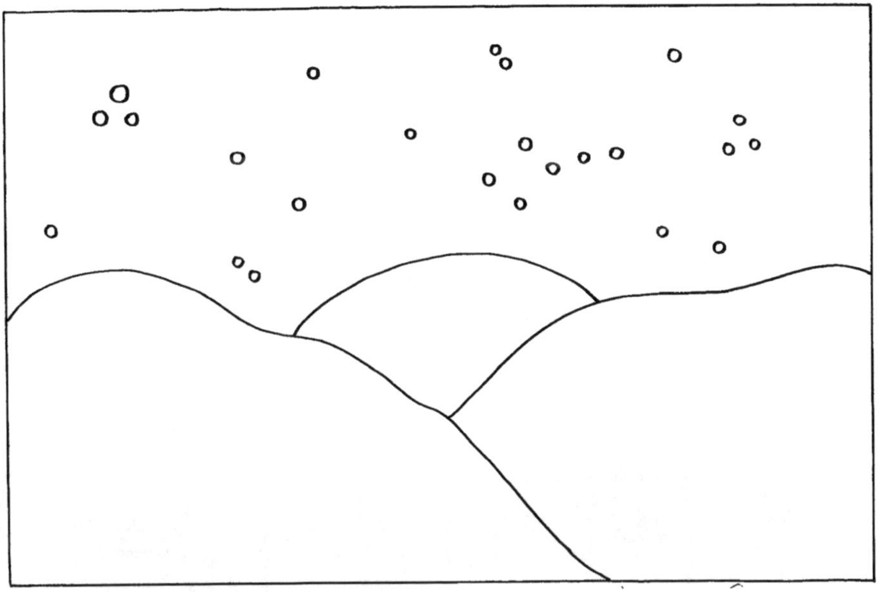

(Abb. 23 b) Feld- und Wiesenlandschaft für die Stallszene

Entwürfe für Handzettel und Plakate:

(Abb. 24) Einladung zu den Krippenspielproben

Handzettel DIN A5 zum Verteilen z.B. an Kommunionkinder und Kindergruppen sowie als Auslage am Schriftenstand in der Kirche

Katholische Pfarrei St. Augustinus Keppel

An alle Kinder!

Ihr seid zwischen 9 und 13 Jahre alt?
Ihr habt Spaß am Theaterspielen und Singen?
Oder - ihr habt es noch nie ausprobiert und würdet es gern mal tun?

Dann seid ihr genau richtig bei uns!

Wir suchen nämlich für unsere

Krippenspiel-Proben

jede Menge Dorfbewohner, Reisende, römische Soldaten, Hirten, Engel und natürlich auch Maria und Josef für das Krippenspiel, das an Heiligabend um 15.00 Uhr in der St.- Vitus-Kirche aufgeführt wird.

Na, habt ihr Lust, dabei zu sein?

DANN KOMMT
AB 22. NOVEMBER JEDEN MONTAG
UM 15.30 UHR ZU DEN PROBEN
IN DIE PFARRKIRCHE IN
HILCHENBACH

Und das Wichtigste zum Schluss:

Bei unserem Krippenspiel braucht ihr keine Texte auswendig zu lernen! Die Geschichte wird von einem Sprecher vorgelesen und ihr spielt gleichzeitig dazu.

(Abb. 25) Einladung zum Krippenspiel

Handzettel DIN A5 (Plakat DIN A3) zum Verteilen (s. Abb. 21) und als Aushang in öffentlichen Gebäuden mit viel Publikumsverkehr (Sparkasse, Einkaufszentrum etc.)

Jesus wird geboren

Wortgottesdienst zum Krippenspiel

Ablauf:

EINGANGSLIED:

Alle Jahre wieder

LITURGISCHE BEGRÜSSUNG

EINFÜHRUNG:

Weihnachten – das ist jedes Jahr das größte und schönste Fest für die meisten von uns und für unsere Familien.

Weihnachten – da sehen wir überall bunte Lichterketten und Leuchtreklame, geschmückte Tannenbäume und gutmütig lächelnde Nikoläuse.

Weihnachten – das klingt nach »Stille Nacht, heilige Nacht« und selbst gemachter Blockflötenmusik, nach leisem Geflüster und fröhlichem Lachen.

Weihnachten – das riecht nach frisch gebackenen Plätzchen und grünen Tannenzweigen, nach Kerzenwachs und Räuchermännchen.

Weihnachten – das schmeckt nach gebrannten Mandeln und Marzipan, nach Gänsebraten und Rotkohl.

Weihnachten – das fühlt sich an wie ein großes Geheimnis zu haben und ganz lange und ganz gespannt warten zu müssen, wie nach Hause zu kommen und zu wissen: Alles wird gut.

Weihnachten – da denken wir an Weihnachtsmarkt und Weihnachtsfeier, an unsere kleinen und großen Wünsche und an die Geschenke.

Bei so viel Weihnachtsstimmung zum Sehen, Fühlen, Riechen, Schmecken und Hören vergessen wir fast, warum wir Weihnachten überhaupt so ausgiebig feiern und worum es an diesem Fest eigentlich geht.

Weihnachten feiern wir, weil Gott in einem kleinen Kind zu uns Menschen auf die Welt gekommen ist. Dieses kleine Kind lädt uns ein, leise, friedlich und behutsam miteinander umzugehen. Es setzt gegen den Lärm und die Weihnachtshektik die Stille und den Frieden aus dem Stall von Betlehem.

Es zeigt uns, dass Weihnachten nicht nur um uns herum, sondern vor allem in unseren Herzen geschieht.

Daran wollen wir heute denken, wenn wir Weihnachten feiern.

(Die Kinder, die beim Krippenspiel mitspielen, stellen sich zum gemeinsamen Lied auf.)

LIED: Lied vom leisen Weihnachten (s. u., S. 164)

(Alle Kinder gehen auf ihre Plätze, damit das Krippenspiel beginnen kann.)

KRIPPENSPIEL (s. o., S. 138–154)

GEBET UND SEGEN

SCHLUSSLIED:

O, du fröhliche

Liedblatt für die Gemeinde beim Wortgottesdienst und Krippenspiel

Alle Jahre wieder ...

1. Alle Jahre wieder kommt das Christuskind
auf die Erde nieder, wo wir Menschen sind.

2. Kehrt mit seinem Segen ein in jedes Haus,
geht auf allen Wegen mit uns ein und aus.

3. Steht auch mir zur Seite, still und unerkannt,
dass es treu mich leite an der lieben Hand.

Ihr Kinderlein, kommet

1. Ihr Kinderlein, kommet, o kommet doch all.
Zur Krippe her kommet in Betlehems Stall.
Und seht, was in dieser hochheiligen Nacht,
der Vater im Himmel für Freude uns macht.

2. Da liegt es, das Kindlein, auf Heu und auf Stroh,
Maria und Josef betrachten es froh.
Die redlichen Hirten knien betend davor,
hoch droben schwebt jubelnd der Engelein Chor.

Kommet ihr Hirten

1. Kommet, ihr Hirten, ihr Männer und Frau'n.
Kommet das liebliche Kind anzuschau'n.
Christus, der Herr, ist heute geboren,
den Gott zum Heiland euch hat erkoren.
|: Fürchtet euch nicht. :|

2. Lasset uns sehen in Betlehems Stall,
was uns verheißen der himmlische Schall!
Was wir dort finden, lasset uns künden,
lasset uns preisen in frommen Weisen.
|: Allelujah! :|

3. Wahrlich, die Engel verkündigen heut'
Betlehems Hirtenvolk gar große Freud':
Nun soll es werden Frieden auf Erden,
den Menschen allen ein Wohlgefallen.
|: Ehre sei Gott! :|

Lied vom leisen Weihnachten

Refr.: Hast du schon gewusst, hast du schon gehört: Weihnachten ist leise, alles Laute stört, denn nun wird erzählt von dem Kindlein klein, das uns alle einlädt, leis' und zart zu sein.

1. Wo ein Kind geboren, hilflos, schwach und klein,
   soll die Welt verwandelt und friedfertig sein:
   still ist's bei Maria, dort im Stall beim Kind,
   dass das Neugebor'ne Schlaf und Frieden find'.

Refrain: Hast du schon gewusst ...

2. Uns're kalte, harte, oft so laute Welt
   soll verwandelt werden, sanft vom Stern erhellt.
   Manch geballte Faust, die darf sich öffnen nun:
   Krieg in Frieden wenden – da bleibt viel zu tun.

Refrain: Hast du schon gewusst ...

3. Lasst das Eiligsein nun, nehmt euch einmal Zeit,
   leise, sanfte Dinge sind von Wichtigkeit!
   Könige und Herrscher, ihr sollt stille sein,
   seht, dies Neugeborne kommt und macht euch klein.

(Text: W. Longardt; Musik: D. Jöcker,

(Text und Melodie: s.u., S.188 f.)

Vom Himmel hoch, da komm ich her

1. Vom Himmel hoch, da komm' ich her.
   Ich bring' euch gute neue Mär.
   Der guten Mär bring' ich so viel,
   davon ich singen und sagen will.

2. Euch ist ein Kindlein heut' gebor'n
   von einer Jungfrau auserkor'n.
   Ein Kindelein so zart und fein,
   das soll eur' Freud' und Wonne sein.

3. Es ist der Herr Christ, unser Gott,
   der will euch führ'n aus aller Not,
   er will eu'r Heiland selber sein,
   von allen Sünden machen rein.

Das Gloria der Engel auf dem Felde

Heut' ist Gottes Sohn geboren, unser Heiland Jesus Christ.
Er errettet, was verloren, dass die Welt voll Frieden ist.

Gloria in excelsis deo!

O du fröhliche

1. O du fröhliche,
   o du selige,
   gnadenbringende Weihnachtszeit!
   Welt ging verloren,
   Christ ist geboren.
   Freue, freue dich, o Christenheit!

2. O du fröhliche,
   o du selige,
   gnadenbringende Weihnachtszeit!
   Christ ist erschienen,
   und zu versühnen:
   Freue, freue dich, o Christenheit!

3. O, du fröhliche,
   o du selige,
   gnadenbringende Weihnachtszeit!
   Himmlische Heere
   jauchzen dir Ehre.
   Freue, freue dich, o Christenheit!

Stille Nacht, heilige Nacht!

1. Stille Nacht, heilige Nacht!
   Alles schläft, einsam wacht
   nur das traute hochheilige Paar,
   holder Knabe im lockigen Haar,
   schlaf in himmlischer Ruh!
   Schlaf in himmlischer Ruh!

2. Stille Nacht, heilige Nacht!
   Hirten erst kundgemacht
   durch der Engel Halleluja,
   tönt es laut von fern und nah:
   Christ, der Retter ist da!
   Christ, der Retter ist da!

SPIELE FÜR VIELE – ELEMENTE FÜR ADVENTS- UND WEIHNACHTSFEIERN IN FAMILIE UND GRUPPE

Die Advents- und Weihnachtszeit ist »soziale« Zeit. In diesen Tagen haben Miteinander und Gemeinsamkeit Konjunktur. Überall boomt das Bedürfnis nach zusammen verbrachter Zeit und gemeinsamem Erleben, weil es im Alltag durch berufliche oder private Verpflichtungen oft nicht ausgelebt werden kann und zu kurz kommt. Manchmal ist es hilfreich, die gemeinsame Zeit zu strukturieren. Die »Spiele für viele« sind eine Möglichkeit dazu. Sie eignen sich ganz besonders, um das Programm eines (vor-)weihnachtlichen Treffens mit gemeinsamem Spaß, Spannung und guter Laune anzureichern, ganz gleich, ob es in der Gruppe, einer kirchlichen oder sozialen Institution oder in der Familie zu Hause stattfindet.

Dalli Dalli

Ein lustiges Spiel um schnelle Worte

Steckbrief zum Spiel

Zielgruppe: Kinder ab 9 Jahren, Jugendliche und Erwachsene
Teilnehmerzahl: Ab 4 Personen
Zeitrahmen: 30–45 Minuten
Personelle Voraussetzungen: 1 Leiter, 1 Schiedsrichter
Räumliche Voraussetzungen: Keine besonderen
Material: Eine Stoppuhr, ein Gegenstand zum Weiterreichen, der als »Mikrofon« dient

Spielidee:

Dalli Dalli ist ein Gruppen-Wettspiel um schnelle Worte. Die Mitspieler erhalten vom Spielleiter eine Frage oder Situationsbeschreibung. Nach der Aufforderung »Dalli Dalli« nennen sie passend dazu so viele Begriffe wie möglich. Der Schiedsrichter führt eine Strichliste über die genannten Begriffe und entscheidet im Zweifelsfall darüber, ob ein Begriff in die Wertung aufgenommen wird oder nicht. Gewonnen hat die Gruppe, die nach der letzten Runde insgesamt die meisten Begriffe genannt hat.

Wichtig: Das Spiel lebt von Ideenreichtum und Phantasie. Spielleiter und Schiedsrichter lassen auch Raum für verrückte und lustige Einfälle!

Spielregeln:

- ➢ Dalli Dalli wird in zwei Gruppen und in verschiedenen Runden gespielt.
- ➢ Bei Gruppen mit mehr als fünf Personen pro Mannschaft empfiehlt es sich, in jeder Runde jeweils zwei Mitspieler *einer* Gruppe zusammen spielen zu lassen (die von der restlichen Gruppe lautstark angefeuert werden!).
- ➢ Gruppe A beginnt mit der ersten Runde.
- ➢ Die Spieler der Gruppe A erhalten einen Gegenstand, das »Mikrofon«, zum Weiterreichen. Nur der Spieler, der den Gegenstand in der Hand hält, ist redeberechtigt.
- ➢ Der Spielleiter stellt die Aufgabe. Auf das Kommando »Dalli Dalli« stoppt der Schiedsrichter die Zeit
- ➢ Den Mitspielern stehen nun 20 Sekunden zur Verfügung, um abwechselnd zur gestellten Aufgabe so viele Begriffe wie möglich zu nennen.
- ➢ Dabei wird das »Mikrofon« immer von einem zum anderen gereicht.
- ➢ Es ist möglich, das »Mikrofon« weiterzureichen, ohne einen Begriff zu nennen, damit ein anderer Mitspieler die Chance hat, weitere Begriffe zu nennen.
- ➢ Vorsagen gilt nicht! Der entsprechende Begriff wird aus der Wertung genommen.
- ➢ Doppelte Begriffe zählen nicht.
- ➢ Wenn eine Runde beendet ist, ist die andere Gruppe mit der nächsten Runde an der Reihe.

Spielrunden:

1. Wem man an Weihnachten eine Karte schreibt
2. Was an Heiligabend gegessen wird
3. Welche Weihnachtsplätzchen man backt
4. Womit der Weihnachtsbaum geschmückt wird
5. Was man zum Einpacken von Weihnachtsgeschenken braucht

6. Worüber der Nikolaus schimpft
7. Was beim Pastor auf dem Wunschzettel steht
8. Welche Lieder an Weihnachten gesungen werden
9. Was es auf dem Weihnachtsmarkt gibt
10. Zu welchen Weihnachtsfeiern man geht
11. Was im Adventskalender steckt
12. Welche Motive auf dem Weihnachtsgeschenkpapier zu sehen sind
13. Was alles zur Krippe gehört
14. Was man vor Weihnachten putzen muss
15. Wo man überall Weihnachtsdekoration anbringen kann
16. Was man als Messdiener in der Christmette auf keinen Fall vergessen darf
17. Welche Zutaten man zum Backen von Weihnachtsplätzchen braucht
18. Was am Adventskranz nicht fehlen darf
19. Worüber der Pastor an Weihnachten predigt
20. Welche guten Wünsche man für Weihnachten und für das neue Jahr für andere hat
21. Welche Weihnachtsbaumkugeln es gibt
22. Welche Ausreden es gibt, wenn man vergessen hat, Weihnachtsgeschenke zu kaufen
23. Womit man seine Schuhe für den Nikolausabend auf Hochglanz polieren kann
24. Was man gegen die Langeweile an Heiligabend vor der Bescherung tun kann
25. Was man zum Verschenken selbst gebastelt hat
26. Was an Heiligabend im Fernsehen kommt
27. Womit man den Wunschzettel verzieren kann
28. Was man sich zu Weihnachten wünscht
29. Was man an Weihnachten mit der Familie machen kann
30. Wo man vor Weihnachten die Weihnachtsgeschenke versteckt, damit sie niemand findet

Hilfe, Buchstabensalat!

Die himmlische Weihnachtswerkstatt braucht Unterstützung

Steckbrief zum Spiel

Zielgruppe: Kinder ab 9 Jahren, Jugendliche und Erwachsene
Teilnehmerzahl: Ab 4 Personen
Zeitrahmen: 30 Minuten
Personelle Voraussetzungen: 1 Leiter
Räumliche Voraussetzungen: Keine besonderen
Material: Zettel mit verdrehten Buchstaben
Spielvorbereitung: Die verdrehten Worte werden groß auf Tonkartonstreifen geschrieben.

Spielidee:
Chaos in der himmlischen Weihnachtswerkstatt: Die Wunschzettel der Kinder sind beim Abholen in den Schnee gefallen und vom Weihnachtsschlitten überfahren worden. Dabei sind einige zerrissen und völlig durcheinander geraten. Nun braucht die himmlische Weihnachtswerkstatt dringend Hilfe, um die Wunschzettel wieder richtig zusammenzusetzen und allen Kinder rechtzeitig zu Weihnachten ihre gewünschten Geschenke zu bringen.

Spielregeln:

- Gespielt wird in Gruppen zu zwei bis vier Personen.
- Der Spielleiter hält den Tonkartonstreifen mit dem verdrehten Wort für alle gut lesbar hoch.
  Wichtig: Je nach Altersgruppe gibt es zwei verschiedene Schwierigkeitsgrade. Bei jüngeren Mitspielern werden nur die Silben der Wörter durcheinander gebracht, bei älteren Mitspielern verdreht man die Reihenfolge der Buchstaben eines Wortes komplett.
- Die Gruppe, die als Erste die richtige Lösung kombiniert hat und sie laut nennt, erhält einen Punkt.
- Gewonnen haben am Ende des Spiels alle Mitspieler, weil alle dazu beigetragen haben, die Wunschzettel wieder leserlich zu machen. Deshalb erhalten alle »Wortverdreher« am Ende des Spiels für ihren Einsatz eine kleine Überraschung aus der himmlischen Weihnachtswerkstatt.

Die zerrissenen Wunschzettel-Stücke:

➢ NACHTS – WEIH – BAUM	Weihnachtsbaum
➢ BOY – SPIEL – GAME	Gameboyspiel
➢ BURG – MO – RIT – PLAY – TER – BIL	Playmobil-Ritterburg
➢ HE – SCHU – SPORT	Sportschuhe
➢ KOR – VI – DER – DEO – RE	Videorekorder
➢ BIE – PUP – HAUS – BAR – PEN	Barbiepuppenhaus
➢ PIER – BRIEF – PA	Briefpapier
➢ GO – TECH – LE – TEN – KAS – NIK	Lego-Technik-Kasten
➢ KA – FUSS – LEN – BALL – DER	Fußballkalender
➢ EINS – QUAR – FOR – TETT – MEL	Formel-Eins-Quartett
➢ NO – GUT – KI – SCHEIN	Kinogutschein
➢ GER – TISCH – SCHLÄ – NIS – TEN	Tischtennisschläger
➢ DIO – PFLE – GEL – NA – GE – STU	Nagelpflegestudio

➢ BIES – POS – TUB – LE – TER – TE	Teletubbiesposter
➢ RY – POT – HAR – BUCH – TER	Harry-Potter-Buch
➢ TER – COM – PU	Computer
➢ SE – FERN – HER	Fernseher
➢ GEN – WA – PEN – PUP	Puppenwagen
➢ FER – ARZT – KOF	Arztkoffer
➢ LA – MU – HI – SIK – FI – GE – AN	Hifi-Musikanlage
➢ STIF – BUNT – TE	Buntstifte
➢ KREI – MAL – STRA – DE – ßEN	Straßenmalkreide
➢ SCHLOSS – RAD – FAHR	Fahrradschloss
➢ DER – MÄPP – FE – CHEN	Federmäppchen
➢ KRIP – NACHTS – WEIH – PE	Weihnachtskrippe
➢ BAY – FC – MÜN – KOT – ERN – CHEN – TRI	FC- Bayern-München-Trikot
➢ SKOP – KRO – MI	Mikroskop
➢ DER – NO – STÄN – TEN	Notenständer
➢ RI – STEN – EX – MEN – KA – TIER – PE	Experimentierkasten
➢ BUM – KEN – BRIEF – MAR – AL	Briefmarkenalbum

Das große Weihnachtsquiz

Ratespaß für helle Köpfe

Steckbrief zum Spiel

Zielgruppe: Kinder ab 7 Jahren, Jugendliche und Erwachsene
Teilnehmerzahl: Ab 4 Personen
Zeitrahmen: 45 Minuten
Personelle Voraussetzungen: 1 Leiter; 1 »Schiedsrichter«, der darauf achtet, welche Gruppe sich als Erste meldet, und der für die Wertung verantwortlich ist
Räumliche Voraussetzungen: Keine besonderen
Material: Quizwand (siehe Vorlage S. 176ff.), evtl. Klebeband zum Befestigen der Quizwand, Stift, Fragenkatalog
Spielvorbereitung: Die Quizwand wird auf Tonkarton gemalt (bei größeren Gruppen), ansonsten entsprechend der Vorlage auf DIN A3 oder DIN A4 kopiert und so im Raum angebracht, dass alle Mitspieler sie sehen können.

Spielidee:
Die Mitspieler stellen ihr Wissen rund um das Thema Weihnachten unter Beweis.

Spielregeln:
- Das Spiel wird in Gruppen zu zwei bis vier Personen gespielt.
- Ein Spieler aus jeder Gruppe wird als Gruppenmelder bestimmt. Nur er darf sich in Absprache mit der restlichen Gruppe melden, wenn die Gruppe die Antwort weiß.

- Die Gruppe mit dem jüngsten Mitspieler beginnt. Sie hat das Recht, die erste Frage auf der Quizwand auszuwählen, indem sie eine Rubrik und eine darunter stehende Zahl nennt (z. B. »Die Weihnachtsgeschichte 40«). Die gewählte Zahl gibt gleichzeitig den Punktwert an, um den gespielt wird.
- Der Spielleiter streicht die gewählte Frage auf der Quizwand durch und stellt sie anhand seines Fragenkataloges an alle.
- Die Gruppe, deren Gruppenmelder sich als Erster meldet, erhält das Antwortrecht und darf die Frage beantworten. Ist sie richtig beantwortet, bekommt die Gruppe die Punktzahl gutgeschrieben. Bei einer falschen Antwort werden die Punkte abgezogen. Minuspunkte gibt es nicht.
- Bei falscher Antwort fällt das Antwortrecht zurück an die Gruppen, die noch nicht auf diese Frage geantwortet haben.
- Das Fragen-Wahlrecht liegt bei der Gruppe, die die vorherige Frage richtig beantwortet hat. Sofern keine Gruppe richtig geantwortet hat, erhält die Gruppe mit den wenigsten Punkten das Fragen-Wahlrecht.
- Wenn alle Fragen von der Quizwand gestellt sind, wird ausgewertet, welche Gruppe die meisten Punkte erspielt und damit gewonnen hat.

Das große Weihnachtsquiz:

RUBRIK: ADVENT

20	Auf welche besondere Weise zählen die meisten Kinder ab dem 1. Dezember die Tage bis Weihnachten? *(Mit einem Adventskalender)*
40	An welchen Heiligen denken wir am 6. Dezember? *(Nikolaus)*
60	Joker (Die Punktzahl wird der Gruppe gutgeschrieben, die ausgewählt hat.)

80 Wann beginnt in unserer Kirche das neue Kirchenjahr: am ersten Advent oder am ersten Januar? *(1. Advent)*

100 Was bedeutet das Wort »Advent«? *(Ankunft)*

RUBRIK: DIE HEILIGE FAMILIE

20 Wer gehört zur Heiligen Familie? *(Maria, Josef, Jesus)*

40 Worin lag Jesus kurz nach seiner Geburt? *(Krippe)*

60 Welchen Beruf hatte Josef? *(Zimmermann)*

80 Wo wohnten Maria und Josef, bevor sie zur Volkszählung nach Betlehem aufbrachen? *(Nazaret)*

100 Wohin flüchtete die Heilige Familie vor Herodes? *(Nach Ägypten)*

RUBRIK: DIE HEILIGEN DREI KÖNIGE

20 Die Namen der Heiligen Drei Könige stehen nicht in der Bibel, sondern stammen aus dem Mittelalter. Wie heißen seitdem die Heiligen Drei Könige? *(Caspar, Melchior, Balthasar)*

40 Welche Geschenke brachten die Heiligen Drei Könige bei ihrem Besuch an der Krippe mit? *(Gold, Weihrauch und Myrrhe)*

60 Wodurch sind die Heiligen Drei Könige auf Jesus aufmerksam geworden? *(Durch den Weihnachtsstern)*

80 Woher kamen die Heiligen Drei Könige? *(Aus Persien, aus dem Morgenland)*

100 In welcher Stadt steht der goldene Schrein mit den Reliquien der Heiligen Drei Könige? *(Köln)*

RUBRIK: DIE WEIHNACHTSGESCHICHTE

20 Wo wurde Jesus geboren? *(In einem kleinen Stall in der Nähe von Betlehem)*

40 Wer erfuhr durch die Engel als Erstes von der Botschaft, dass Jesus geboren war? *(Die Hirten)*

60 Wie hieß der König, von dem die Heiligen Drei Könige wissen wollten, wo Jesus geboren war? *(Herodes)*

80 Wie hieß der Kaiser, der die Volkszählung angeordnet hat? *(Kaiser Augustus)*

100 Welcher der vier Evangelisten hat das Weihnachtsevangelium mit der Herbergssuche und den Hirten an der Krippe geschrieben? *(Lukas)*

RUBRIK: WEIHNACHTEN VON A – Z

20 Wie geht das folgende Lied weiter: »O du fröhliche, o du selige …«? *(gnadenbringende Weihnachtszeit)*

40 Welche beiden Tiere stehen bei den meisten Krippen mit in dem Stall bei Maria, Josef und Jesus? *(Ochs und Esel)*

60 Wie werden die langen silbernen Fäden genannt, mit denen man den Weihnachtsbaum schmückt? *(Lametta)*

80 Wer schrieb den Text zu dem Lied »Vom Himmel hoch«? *(Martin Luther)*

100 Warum schmücken wir den Weihnachtsbaum mit Kerzen *(Jesus – das Licht der Welt)*

PRAXIS-FUNDGRUBE: (Abb. 26) **Das große Weihnachtsquiz für helle Köpfe**

Das große Weihnachtsquiz				
Advent	Die Heilige Familie	Die Heiligen Drei Könige	Die Weihnachtsgeschichte	Weihnachten A – Z
20	20	20	20	20
40	40	40	40	40
60	60	60	60	60
80	80	80	80	80
100	100	100	100	100

ANHANG

Laterne, Laterne

Sankt Martin

2. Im Schnee saß, im Schnee saß,
im Schnee, da saß ein armer Mann,
hatt' Kleider nicht, hatt' Lumpen an:
»O helft mir doch in meiner Not,
sonst ist der bittre Frost mein Tod!«

3. Sankt Martin, Sankt Martin,
Sankt Martin zieht die Zügel an,
sein Ross steht still beim armen Mann.
Sankt Martin mit dem Schwerte teilt
den warmen Mantel unverweilt.

4. Sankt Martin, Sankt Martin,
Sankt Martin gibt den halben still,
der Bettler rasch ihm danken will.
Sankt Martin aber ritt in Eil'
hinweg mit seinem Mantelteil.

5. Sankt Martin, Sankt Martin,
Sankt Martin wird ein Bischofsmann.
Er zieht die Bischofskleider an.
Sankt Martin ist ein guter Christ,
der dort hilft, wo es nötig ist.

(Text der 5. Strophe von Brigitta Krämer)

Tragt in die Welt nun ein Licht

2. Tragt zu den Kranken ein Licht ...
3. Tragt zu den Kindern ein Licht ...
4. Tragt zu den Alten ein Licht ...

(Text und Melodie: Wolfgang Longardt 1972, © Verlag Ernst Kaufmann, Lahr)

Ich geh' mit meiner Laterne

2. Ich geh' mit meiner Laterne
und meine Laterne mit mir.
Dort oben leuchten die Sterne
und unten, da leuchten wir.
Laternenlicht,
verlösch mir nicht!
Rabimmel, rabammel, rabumm.

3. ...
Mein Licht ist aus,
ich geh' nach Haus.
Rabimmel, rabammel, rabumm.

Gottes Liebe ist so wunderbar

2. Gottes Güte ist so wunderbar ...
3. Gottes Treue ist so wunderbar ...
4. Gottes Gnade ist so wunderbar ...
5. Gottes Reichtum ist so wunderbar ...

(Text: Unbekannt; Musik: Negro Spiritual)

Das Lied vom leisen Weihnachten

Refrain: Hast du schon gewusst ...

2. Uns're kalte, harte, oft so laute Welt
soll verwandelt werden, sanft vom Stern erhellt.
Manch geballte Faust, die darf sich öffnen nun:
Krieg in Frieden wenden – da bleibt viel zu tun.

Refrain: Hast du schon gewusst ...

3. Lasst das Eiligsein nun, nehmt euch einmal Zeit,
leise, sanfte Dinge sind von Wichtigkeit!
Könige und Herrscher, ihr sollt stille sein,
seht, dies Neugeborne kommt und macht euch klein.

MIT KINDERN DIE WEIHNACHTSZEIT GESTALTEN

Claudia Wührl

Kommt ihr Hirten von den Feldern

10 neue Krippenspiele

Mit CD-ROM

13,9 x 21,4 cm, 144 Seiten mit Liedern und Bastelanleitungen, Paperback,

ISBN 3-451-28478-2

Zehn neue Krippenspiele für Kinder von 5 bis 12 Jahren – darunter ein Singspiel und ein Mini-Weihnachtsmusical –, alle gereimt und mit schönen Liedern ausgestattet, lassen Pfarreien, Kindergruppen, Kindergärten und Schulen den Heiligen Abend auf ganz besondere Weise erleben.
Mit Angaben zu Dauer, Aufwand, Thematik sowie didaktischen Hinweisen. Hinzu kommen Vorschläge zur Aufführungspraxis, Bastelanleitungen für die Requisite und ein kleiner Begleittext zum Ausklang des jeweiligen Spiels, der sich als Übergang in den Rahmen einer Feier eignet.

Petra Focke

Unser Weg nach Betlehem

Werkbuch zur Gestaltung der Adventszeit mit Kindern, Jugendlichen und Familien

13,9 x 21,4 cm, 176 Seiten, Paperback,

ISBN 3-451-28207-0

In diesem Buch finden sich praxiserprobte Beispiele für die Gemeindearbeit in der Weihnachtszeit, die Jung und Alt aktiv beteiligen und in das Geschehen mit einbeziehen. Die einzelnen Kapitel beginnen jeweils mit einleitenden Gedanken und Impulsen. Meditative Texte stimmen in die folgenden Aktionen ein. Ausformuliert und mit Anleitungen für jeden Schritt ist dieses Buch – für erfahrene wie unerfahrene Gestalter von Gottesdiensten – eine Fundgrube.

PRAKTISCHE MATERIALBÜCHER MIT VIELEN IDEEN

Heriburg Laarmann

Das große Buch der Familiengottesdienste

Symbole und Märchen erzählen von Gott

Mit CD-ROM

17,0 x 24,0 cm, 224 Seiten mit s/w-Illustrationen, gebunden,

ISBN 3-451-28474-X

Aus ihren Bestsellern »Mit Zeichen und Symbolen«, »Mit Märchen und ihren Sinnbildern« und »Bilder erzählen von Gott hat die Autorin die besten Familiengottesdienste zusammengestellt und um ihre schönsten neuen Modelle erweitert. Alle Beispiele sind vollständig ausgeführt und dem Kirchenjahr sowie besonderen Anlässen im Leben der Gemeinde zugeordnet. Sie zeichnen sich durch eine Fülle origineller Ideen aus, in der auch die Botschaft der Märchen und Symbole für den Glauben fruchtbar wird. Durch Rollenspiele, Aktionen, Gebet und Tanz werden Kinder, Jugendliche und Erwachsene eingeladen, den Glauben gemeinsam zu erleben.

Wolfgang Gies (Hrsg.)

Das große Buch der Krippenspiele

Mit CD-ROM

17,0 x 24,0 cm, 208 Seiten mit s/w-Illustrationen, gebunden,

ISBN 3-451-28209-7

Praxisorientierte Krippenspiele für Kinder von 5 bis 12 Jahren. Die Spiele dauern 10 bis 45 Minuten – kurze Angaben zu Inhalt, Figuren, Spieldauer, Requisiten und Besonderheiten sind den Stücken vorangestellt. Eine wahre Fundgrube für alle, die auf der Suche nach geeigneten Krippenspielen für verschiedene Bedürfnisse in Kindergarten, Schule und Gemeinde sind.